NAPOLÉON
LE GRAND ALBUM DE NOTRE ENFANCE

Illustrateurs et sources bibliographiques

Les illustrations reproduites dans cet ouvrage proviennent de livres ou d'albums publiés à la fin du XIXe siècle ou au début du XXe siècle et appartenant à des collections particulières. Vous en trouverez ci-dessous les références.

Job (Jacques Onfroy de Bréville, dit, 1858-1931) : pages 1, 55, 58, 67, 96, 120-121, 150, 151, 166, 174, 180 : *La Cantinière 1789-1815*, textes de Georges Montorgueil, Paris (Félix Juven – Boivin & Cie), vers 1900 – Pages 10, 11, 23, 27, 28, 30, 34, 38, 56, 59, 60, 63, 66, 79, 81, 85, 88, 97, 102, 103, 104-105, 114, 115, 122, 128, 141, 142, 146, 147, 155, 164, 173, 181, 185, 188, 193 : *Le Grand Napoléon des Petits Enfants*, Paris (E. Plon, Nourrit & Cie), vers 1895 – Pages 12, 21, 22, 25, 29, 31, 33, 35, 36, 39, 41, 43, 45, 46, 48, 49, 50, 51, 52-53, 54, 62-63, 71, 72, 76-77, 78, 80, 82, 83, 84, 86, 89, 90, 93, 94-95, 99, 100, 107, 108, 110, 111, 113, 116-117, 118, 119, 131, 132, 137, 138, 139, 140, 143, 145, 153, 154, 156, 157, 159, 161, 162, 167, 172, 182-183, 190, 191, 195, 197 : *Bonaparte*, textes de G. Montorgueil (Boivin & Cie), 1910 – Pages 14, 15, 16, 17, 18, 19 : *Quand le grand Napoléon était petit*, textes de Émile Hizelin, Paris (Boivin), 1931 – Page 26 : *France, son histoire*, textes de Georges Montorgueil, Paris, Chavaray, Mantoux, Martin Éditeurs, Librairie d'éducation de la jeunesse, vers 1898 – Pages 44, 57, 68, 69, 74, 75, 98, 109, 125, 129, 130, 133, 134-135, 152, 160, 189 : *Murat*, textes de Georges Montorgueil, Hachette, 1903 – Page 47 : *Quand nos grands rois étaient petits*, textes de Charles Clerc et Norbert Sevestre, Paris (Librairie Delagrave), 1927 – Pages 61 (colorisée ultérieurement), 106 (colorisée ultérieurement), 158, 175 (colorisée ultérieurement), 178 (colorisée ultérieurement) : *Épopée du Costume militaire*, textes de Henri Bouchot, Paris (Henri May), 1898 – Pages 64 et 65 : *Tenues des troupes de France à toutes les époques armées de terre et de mer*, Revue la Sabretache, 1904 – Pages 73, 123, 124, 126, 163 (colorisée ultérieurement), 168 (colorisée ultérieurement), 169 (colorisée ultérieurement), 171, 176, 177 : *La Vieille Garde impériale*, textes d'Alméras, Barrès, Coppée, Guerlin, Houssaye, Mazé, de Mitty, Tours (Maison Alfred Mame et Fils), 1921 – Pages 144 (colorisée ultérieurement), 170 (colorisée ultérieurement), 184 (colorisée ultérieurement), 192 (colorisée ultérieurement) : *Le page de Napoléon*, textes de Dupuy, Paris (Delagrave), 1896 – Pages 148 et 149 : *L'Album*, textes de Lucien Puech, Tallandier, vers 1900 – Pages 165, 179 : *Allons, Enfants de la Patrie !* 33 poèmes de Jean Richepin, de l'Académie française, Tours (Maison Alfred Mame et Fils), 1920 – Pages 186, 187 : *Les Mots historiques du Pays de France*, texte par E. Trogan, Tours (Maison Alfred Mame et Fils), 1900 – Page 199 : Estampe anonyme, *Bon à part (Bonaparte) ou le jeu des quatre coins.*

Crédits photographiques

© AKG-images pour l'ensemble des reproductions, à l'exception de la page suivante : 199 © Musée Carnavalet/Roger Viollet. Les pages 51, 52-53, 62, 64, 65, 76, 77, 90, 93, 94, 95, 179, 186 proviennent de la collection particulière de l'auteur.

Généalogie et carte : Deletraz

Directrice éditoriale : Marie-Anne Jost-Kotik
Édition : Laury-Anne Frut
Correction : Christine Cameau
Conception graphique et mise en page : Serge Bilous

ISBN : 978-2-324-00584-8
Dépôt légal : octobre 2013
Imprimé en Italie

Éditions Gründ, un département d'Édi8, – 12, avenue d'Italie – 75013 Paris
www.grund.fr

DIMITRI CASALI

NAPOLÉON
LE GRAND ALBUM DE NOTRE ENFANCE

Gründ

SOMMAIRE

Le livre qui réapprend à aimer l'histoire de France

À l'heure où les Français ont besoin de redécouvrir leurs racines, voici l'histoire de la période la plus exceptionnelle de notre pays : l'épopée napoléonienne !

Napoléon n'a pas fini de fasciner. Qu'il soit adulé ou haï, sa gloire est universelle et son destin fulgurant fait encore rêver tous les hommes, amis ou ennemis de sa mémoire. D'abord, il y a le nom. S'il s'était appelé Nicolas, Pascal, ou Paul, intéresserait-il tout autant ? Mais *Napoléon* : ce prénom imprimé en gros caractères sur un livre attire immédiatement le regard du lecteur. Ensuite, il y a cette silhouette inoubliable comme inventée pour l'image : le petit chapeau, la redingote grise, la main dans le gilet… Dès qu'on l'aperçoit, on reconnaît immédiatement le personnage. L'historien n'échappe pas à cet attrait. Napoléon a inspiré plus de livres qu'il ne s'est écoulé de jours depuis sa mort (plus de 70 000 !). Cette observation formulée il y a longtemps reste toujours d'actualité. Les premières biographies, dès 1827, ne sont même pas françaises, mais chinoises… Enfin, il y a l'art. Depuis sa mort, en 1821, Napoléon est le personnage le plus représenté dans les arts après le Christ, de la peinture à la musique. Peintres, de David à Warhol, et sculpteurs, de Canova à Dalí, ont souhaité le représenter. L'un des tableaux les plus regardés au musée du Louvre n'est-il pas *Le Sacre* ? Les écrivains romantiques ont puisé leur inspiration dans la figure de Napoléon : Hugo, Chateaubriand, Stendhal, Dumas. Son épopée, sa gloire et sa chute n'ont, depuis, cessé de fasciner les artistes… Napoléon n'a-t-il pas lui-même écrit : « Quel roman que ma vie » ? Et c'est vrai ! Qui croirait un romancier inventant un tel personnage ? Personne, car sa vie surpasse de loin la réalité. Archétype du héros romantique, Napoléon a résisté au temps. En Angleterre, dans *l'Encyclopedia Britannica*, à l'article Napoléon, on peut lire : « *Napoléon a changé l'histoire de la France et du monde, il est un des plus grands héros de tous les temps.* »

Napoléon superstar…

Au cinéma, plus de 300 films lui ont été consacrés. Un record ! Un autre record : non seulement, il est le général qui a remporté, grâce à son génie militaire, plus de brillantes victoires que César, Alexandre et Hannibal réunis, mais le bilan de son œuvre, politique, administrative et institutionnelle, est encore aujourd'hui immense. « *Ma gloire n'est pas d'avoir gagné quarante batailles… Ce que rien n'effacera, ce qui vivra éternellement, c'est mon Code civil !* » se plaisait à dire Napoléon.

Illustrées par celui qui fut un maître inégalé, Jacques Onfroy de Bréville, plus connu sous le pseudonyme de Job (1858-1931), les œuvres de Napoléon Bonaparte forment le fil conducteur de cet ouvrage. Ses magnifiques dessins remplis de détails croustillants sont toujours véridiques et évoquent toutes les scènes de la vie de

Napoléon et de son temps. Des hauts faits historiques aux petits secrets intimes, en passant par ses réformes qui ont changé la France, Job n'a rien oublié et a su pousser son art jusqu'au génie. Ce Grand Album vous invite à redécouvrir toutes les anecdotes, petites et grandes, constitutives de la vie de ce petit Corse devenu empereur, fondateur de la France moderne et maître de l'Europe. Ces images nous permettent de mieux comprendre le rayonnement de ce personnage hors du commun à travers le monde actuel. Elles peuplent encore notre imaginaire commun dans ce qu'il y a de meilleur et de pire. Ce sont justement ces contradictions qui passionnent. Il n'existe pas d'autre exemple d'une telle ascension, d'une telle chute ni d'autant de paradoxes en un seul homme. Mais il représente pour la France une part de nos valeurs d'accomplissement collectives, de rêves, d'invention, d'imagination, d'énergie, d'enthousiasme et de volonté. Il nous éclaire à jamais sur ce qui constitue vraiment l'identité française…

… excepté dans nos livres scolaires

Aujourd'hui, nos manuels scolaires tentent de remiser Napoléon, figure emblématique de notre identité collective, dans les oubliettes de l'histoire – « au placard, l'épopée impériale ! » Pas tout à fait : Napoléon n'est plus étudié à l'école que comme un « infâme négrier » qui a rétabli l'esclavage aux Antilles en 1802. Certains qualifient l'Empereur de « *despote misogyne, homophobe, antisémite, raciste, fasciste, antirépublicain* ». Il est même représenté assis sur un pot de chambre… (Manuel Magnard, 4e – voir page 199). Même le président Jacques Chirac a refusé de célébrer le 200e anniversaire de la bataille d'Austerlitz en 2005. En revanche, il a envoyé le porte-avion *Charles de Gaulle* aux cérémonies de commémoration de notre défaite de Trafalgar en Angleterre qui ont réuni plus de 500 000 Anglais… Napoléon est donc devenu l'incarnation même de ce mal qui ronge la société française : la repentance et le politiquement correct. Mais l'exilé de Sainte-Hélène, qui jusqu'au bout a toujours pris soin de sa légende, tient sa revanche. Il est devenu l'un des personnages historiques les plus populaires dans le monde entier. Nul n'est prophète dans son pays…

1769-1793 Corse de sang, Français de destinée

Français depuis moins d'un an, petit nobliau corse sans fortune, arrivé à 10 ans à l'école de Brienne (Champagne) sans parler un seul mot de français tel un jeune « immigré », obscur officier de l'armée royale, rien ne prédestinait Napoleone Bouonaparte à devenir, à l'âge de 40 ans, le maître de l'Occident. Sa vie est un roman à lui seul et sa trajectoire est celle des météores qui illuminent le ciel les soirs d'été.

La naissance d'un conquérant

Le 15 août 1769 à Ajaccio, dans la Corse que Louis XV vient de donner à la France, naît un enfant dont la destinée merveilleuse remplira le monde de son nom. À un an près, Napoleone Buonaparte naissait génois et non français, sa destinée n'eût pas du tout été la même… Serait-il né sous une bonne étoile ?

La Corse avec la maison de Napoléon à Ajaccio. La petite île méditerranéenne est une montagne plongée dans la mer. Depuis l'Antiquité, elle est renommée pour ses superbes paysages, la splendeur de ses 500 kilomètres de rivages, ses baies où se reflètent les falaises de rouge porphyre, ses forêts profondes, son entassement de monts, ses torrents, son climat. La Corse, c'est l'île de beauté suprême.

Bonaparte bébé
sur une peau de lion :
« L'enfant y naît à Ajaccio, en une salle tendue de tapisseries. » Pourtant, quand on interroge Letizia Buonaparte, elle répond en haussant les épaules : « Chez nous, on était tellement pauvre qu'on n'avait même pas un seul tapis ! »

Français depuis moins d'un an

Le petit Buonaparte a la chance de venir au monde un an après le rachat de la Corse par la France à la république de Gênes. Le 15 mai 1768, par le traité de Versailles, le duc de Choiseul, ministre de Louis XV, obtient de Gênes qu'elle cède entièrement ses droits sur l'île. Le jour même, le roi proclame le rattachement de la Corse au royaume. Les Génois ne parvenaient plus à dominer le cœur de l'île, point stratégique de la Méditerranée occidentale. Ils se heurtaient aux mouvements patriotiques animés par Pascal Paoli, qui visaient à établir une république indépendante. En même temps se formait en Corse un parti pro-français favorable à l'acquisition pleine et entière. Mais l'annexion est difficile… Dans un premier temps, Louis XV sous-estime la ténacité corse soutenue par l'Angleterre, et n'expédie que 7 500 hommes pour occuper l'île. Pascal Paoli, qui n'admet pas que le peuple corse n'ait pas été consulté au sujet de l'annexion par la France, dénonce le traité de Versailles, organise la lutte et implore l'aide intéressée des Anglais. Le père de Napoléon, Charles Bonaparte, prend fait et cause pour le chef des partisans de l'indépendance. Il rejoint Pascal Paoli à Corte et devient un de ses aides de camp. Contre toute attente, les Français sont battus à Borgo en octobre 1768. Le roi décide alors d'en finir et envoie dans l'île 22 000 hommes. La lutte est inégale et la campagne rapide. Le 8 mai 1769, le comte de Vaux remporte la bataille de Ponte-Nuovo, sur les milices corses… juste à temps pour que, trois mois après, un certain Napoléon Bonaparte naisse citoyen français à Ajaccio !

« Il est né le divin enfant ! »

Le 15 août 1769, alors que l'on fête la Sainte Vierge, la très belle Letizia Buonaparte tient absolument à assister aux fêtes de l'Assomption malgré sa grossesse. Sur le coup de midi, elle quitte précipitamment l'église au milieu de la messe pour sa maison jaune de la rue Malerba, ne peut atteindre sa chambre à coucher et accouche sur le canapé du salon. Là, aussitôt, elle donne le jour à un beau et gros garçon. On raconte que cela s'est passé sur un des vieux tapis antiques représentant des combats de l'*Iliade* et l'*Odyssée* d'Homère… Oncles, tantes, cousins, cousines défilent jusqu'à l'ondoiement du nouveau-né par l'abbé Diamante, en fin de journée. Letizia décide de lui donner un drôle de prénom d'origine grecque, Napoleone. C'est celui d'un de ses oncles, fervent patriote corse, mort quelques jours avant la bataille de Ponte-Nuovo contre les Français. Ce nom qui fera trembler les plus grands rois est assez répandu en Italie, pourtant, on ne connaît aucun véritable saint homme qui l'ait porté.

Une famille corse pro-française

Issus d'une petite noblesse toscane et génoise, les Buonaparte sont installés en Corse depuis le début du XVIe siècle. Le père, Charles Buonaparte, bel homme frivole et galant, est un avocat rallié aux Français. Il assure toutefois ses arrières en devenant un des députés de la noblesse corse auprès du roi. Cet opportunisme et ses bonnes relations avec Marbeuf, le gouverneur français de l'île, lui ouvre de nouvelles perspectives. Dans la famille Buonaparte, le réalisme politique semble être bien ancré dans les gènes. Charles francise alors son nom en Bonaparte. Sans vivre dans la misère, la famille n'est pas riche, bien au contraire. Si elle fait partie des notables en Corse, c'est dans une île à moitié sauvage connue pour la dureté de ses mœurs. La naissance de treize enfants, dont huit survivront, entraîne des difficultés financières permanentes : Joseph (1768), Napoléon (1769), Lucien (1775), Marianna-Élisa (1777), Louis (1778), Pauline (1780), Caroline (1782) et enfin Jérôme (1786). Au total, cinq garçons et trois filles. La famille, en Corse, revêt une importance considérable, et celle de Napoléon allait devenir pour lui une charge constante et un souci perpétuel. Son poids sur la destinée du futur empereur ne sera pas des plus heureux. À Ajaccio, les Bonaparte forment un véritable clan et exercent une réelle influence. Possédant trois propriétés, ils ont pour principe de tout produire et de vivre presque en autarcie. Ainsi n'achètent-ils ni pain, ni vin, ni huile ! À l'époque, la cité ajaccienne n'est qu'une bourgade où courent des ruelles sinueuses. L'une d'elles est la *strada* Malerba, la rue de la Mauvaise-Herbe (rebaptisée aujourd'hui Saint-Charles). Là, se dresse une maison corse traditionnelle du XVIIIe siècle : la *casa* Buonaparte. Seul le rez-de-chaussée et le premier étage sont occupés par la famille, le second étage est habité par des cousins, les Pozzo di Borgo. De ce voisinage naît une brouille continuelle entre les deux familles. On raconte qu'un jour, une dame Pozzo di Borgo jeta comme chaque matin sans faire attention son pot de chambre par la fenêtre. Mais, ce jour-là, tout son contenu tomba en plein sur la tête de « Madame Letizia »…

Letizia, « une main de fer dans un gant de velours »

« Maman Letizia » ne parle qu'un charabia corse et ne s'exprimera jamais dans un français correct. Elle élève ses huit enfants d'une main de fer en leur inculquant quelques solides valeurs à coup de fessées. Formé à une discipline rigoureuse par cette éducatrice remarquable, Napoléon reconnaîtra plus tard : « *Tout ce que j'ai fait de bien dans ma vie, je le dois à ma mère…* » Un jour, il s'amuse avec sa sœur préférée, Pauline, à imiter la démarche de sa grand-mère Fesch qui avait une jambe raccourcie et une épaule plus haute que l'autre. Elle marchait avec une canne et les deux jeunes larrons la suivaient en l'imitant. Par malheur, la vieille dame s'en aperçoit et se plaint à sa fille Letizia, en lui disant qu'elle élève ses enfants sans respect pour les anciens. *« Madame*, rapportera Napoléon, *bien qu'elle nous aimât beaucoup, ne plaisantait pas, et je vis à ses yeux que mon affaire n'était pas bonne. Pauline ne tarda pas à recevoir sa fessée parce que des jupons sont plus faciles à relever que des pantalons à déboutonner. Le soir, elle essaya sur moi, mais en vain. Je crus en être quitte ! Le lendemain, elle me repoussa lorsque je fus pour l'embrasser. Enfin, je n'y pensais plus lorsque, dans la journée, Madame me dit : "Napoléon, tu es invité chez le Gouverneur, va t'habiller !" Je monte, bien satisfait d'aller dîner avec les officiers et je ne fus pas long à me déshabiller. Mais Madame était le chat guettant la souris ; elle entre subitement, ferme la porte sur elle ; je m'aperçois du piège où j'étais tombé, mais il était trop tard pour y remédier et il me fallut subir la fessée. »*

Bonaparte enfant se bagarrant,
sa nourrice le rappelle
à l'ordre devant la casa Buonaparte.

Nabulio l'intrépide

Hormis cela, *Nabulio,* « celui qui touche à tout ! » comme l'appelait sa mère, ne brille d'aucun éclat particulier. Il est un petit garçon comme les autres, peut-être un peu plus querelleur et intrépide, mais Letizia veille et reste intraitable sur le point de l'honneur et sur le respect de la parole donnée. Elle mérite l'affection et la considération que Napoléon lui manifestera toute sa vie. Dès son plus jeune âge, sa vie est assez libre : il force Joseph à faire ses devoirs et, s'il est puni et mis au pain sec, il s'échappe pour aller manger le pain de châtaignes des bergers.
« J'étais querelleur, lutin, rien ne m'imposait. Je battais l'un, égratignais l'autre, mon frère était celui à qui j'avais le plus souvent à faire », reconnaîtra Napoléon. Letizia disait que Napoléon était le plus diable de ses enfants. Vif à l'extrême, d'une volonté farouche, il a sur Joseph, son aîné, un ascendant complet. Celui-ci est régulièrement battu, mordu. Ce petit garçon faible en apparence, au corps chétif, au visage osseux et pâle, possède déjà une volonté de fer, dont sont surpris, et quelquefois effrayés, tous ceux qui l'approchent. Vers l'âge de cinq ans, on le mit dans une pension de petites filles. Là, il tomba amoureux de Giacominetta, et cet amour excita la jalousie des autres petites filles, qui le raillèrent. Comme il était fort négligé en sa toilette et avait toujours les bas traînant sur ses souliers, elles le poursuivaient d'une sorte de chanson qui l'exaspérait :
« Napolione di mezza calzetta Fa l'amore a Giacominetta »
(« Napoléon demi-chaussettes fait l'amour à Jacquelinette »)
Comme il envisageait déjà de devenir soldat, il finit par se jeter sur elles, et les corrigea.

Charles Bonaparte s'occupait peu de lui, mais Napoléon était son favori, et lorsqu'il avait matière à le punir, il le menaçait de l'autorité maternelle, notamment le jour où l'intrépide enfourcha un cheval au grand galop et manqua de se blesser.

L'enfance d'un chef

Les Corses sont un peuple très fier qui possède une farouche volonté d'indépendance. Ils ont un grand penchant pour les aventures, l'expatriation, quoiqu'ils aiment passionnément leur île. Ils sont aussi attachés à la France. Il existe un parti pro-français pour le rattachement de l'île au royaume depuis 1557… Napoléon se plaît beaucoup en compagnie des bergers de la montagne, ces Corses intransigeants et indépendantistes, pour qui la France reste l'ennemie. Ils parlent avec amertume du présent avec lui. Parmi eux se trouvent des gens simples, la masse du petit peuple, pour qui Paoli personnifie la liberté. Aussi, Napoléon leur pose des questions sur la perte de l'indépendance de l'île, et lorsqu'on lui raconte, en l'exagérant, la terrible dernière guerre, où 10 000 Corses ont été écrasés par 30 000 Français, il ne comprend pas bien les Français, ni l'attitude de son père si pro-Français.

Bonaparte sépare deux Corses prêts à se battre au couteau et leur conseille de consacrer leur énergie à la gloire et à la prospérité de la Corse.

On le surnomme « le mathématicien »

Dès l'âge de cinq ans, Napoléon entre à l'école, comme externe au pensionnat des Sœurs béguines d'Ajaccio. Il y apprend à lire et à écrire l'italien. Napoléon enfant ne se fait pas remarquer par une intelligence exceptionnelle. Il s'y montre studieux, aimant le travail, surtout le calcul. On dit que rien ni personne n'en imposait à ce lutin turbulent, fier et obstiné, que les sœurs avaient surnommé « le mathématicien » tant il étonnait par les dispositions qu'il montrait pour cet art. Il adore faire des calculs et profite de la moindre occasion pour mettre ses talents en pratique. Plus tard, il quitte le pensionnat pour l'école jésuite de l'abbé Recco. Très vite, l'élève médiocre du début se met à travailler longtemps d'arrache-pied avant de mériter les félicitations de son professeur. Vers 8 ans, il manifeste une telle passion pour les maths qu'il fallut lui construire sur la terrasse de la maison une sorte de petite chambre en planches où il se retirait tout le jour afin de ne pas être troublé par ses frères.

Passionné de mathématiques, Napoléon profite des récréations pour griffonner des équations sur les murs

Toujours dans le camp des vainqueurs lors des jeux

Au cours tenu par l'abbé Recco, passionné d'histoire antique, les élèves sont divisés en Romains et en Carthaginois, et placés en vis-à-vis les uns des autres pour stimuler les énergies. Aux deux côtés opposés de la salle se trouve un immense drapeau ; l'un, celui de Rome, porte les initiales SPQR (*Senatus populusque romanus)*, l'autre est celui de Carthage. Un jour, Napoléon, dépité d'être placé parmi les Carthaginois, entre dans une violente colère et obtient, en protestant furieusement, d'être placé parmi les Romains, les vainqueurs de l'histoire. Napoléon révèle ainsi une volonté précoce et fait preuve d'un caractère déterminé, voire obstiné. Les grands jours de fête, il traîne à la tête de ses camarades et livre des batailles d'où les combattants sortent rarement sans de véritables blessures ; ainsi, par exemple, il arrive un jour à Napoléon de revenir à la maison, après un de ces combats à coups de pierres, boitant des deux pieds et poché des deux yeux.

Bonaparte enfant reconstitue avec ses camarades les batailles célèbres de l'Antiquité.

Le rêve de devenir militaire

A en croire les récits maternels, sa passion pour les jeux militaires l'emporte sur tout. Entend-il passer les soldats dans la rue, un régiment en marche, personne ne peut l'arrêter, Napoléon échappe à sa nourrice en quelque costume qu'il se trouve, souvent en chemise, ne prenant que le temps d'enfiler ses souliers, il court le sabre de bois au côté et le fusil au bras, se placer sans hésiter dans les rangs. Les officiers et les soldats lui font fête. Ils le connaissent bien, Napoléon, lequel devient peu à peu leur mascotte. Il passe aussi son temps à regarder manœuvrer les soldats de la citadelle d'Ajaccio. Il ne délaisse tambour et sabre de bois que pour ranger en ordre de bataille les petits soldats qu'il peint partout sur les murs, comme le raconte Letizia. Presque tous les soirs, il se rend à la citadelle d'Ajaccio. Là, il assiste à la relève de la garde, fasciné par les uniformes bleu et blanc des officiers.

Dans le but de tirer les Bonaparte de la situation précaire dans laquelle ils se trouvent avec leur nombreuse famille, le gouverneur, comte de Marbeuf, appuie une demande de bourse pour les deux aînés Joseph et Napoléon dans les écoles militaires royales. Pour réussir, il faut justifier de quatre quartiers de noblesse. Charles Bonaparte n'a pas de difficulté à se mettre en règle. Le ciel s'éclaire enfin pour les Bonaparte. La pensée d'entrer dans une école le prédestinant à la carrière militaire comble à ce point les vœux de Napoléon qu'il envisage sans trop de peine sa séparation d'avec les siens et son éloignement du pays. Il n'a alors que 9 ans.

Presque tous les soirs, il se rend à la citadelle d'Ajaccio. Là, il assiste à la relève de la garde, fasciné par les uniformes bleu et blanc des officiers.

Un caractère inflexible

Napoléon montre un caractère difficile, volontaire, parfois inflexible. Il est attiré par le métier militaire et désire posséder tout ce qu'ont les soldats qu'il voit défiler devant lui à Ajaccio : chapeau et plumet, épaulettes, sabre, fusil, baïonnette. Seuls l'intéressent les histoires militaires, les récits de combats, les batailles fantastiques des grands personnages jusqu'à lui faire oublier tout le reste. Lui qui aime fort les douceurs va pourtant, chaque matin lorsqu'il se rend à l'école, échanger son pain blanc contre du pain de munition d'un soldat (pain bis). Grondé par sa mère, il répond que, devant être soldat lui aussi, il doit s'accoutumer à manger de ce pain que, d'ailleurs, il préfère au pain blanc…

Bonaparte échange avec un soldat son morceau de pain blanc contre un morceau de pain bis (pain de munition) pour s'habituer au pain des soldats.

1779
Un petit immigré à l'école militaire de Brienne

Un petit garçon de 9 ans à peine, ne parlant pas un seul mot de français, habitué à la Corse baignée de soleil, arrive à l'école de Brienne, en Champagne, dans les froides campagnes du Nord-Est de la France. Le climat y est rigoureux et il y règne une discipline de fer. Cette épreuve terrible de l'internat militaire, Napoléon va la subir avec beaucoup de courage et dans un isolement presque total pendant cinq ans. C'est grâce à ces années d'éducation qu'il va devenir pleinement français. Cette période restera comme la clef de voûte de son existence…

Un départ émouvant

Charles Bonaparte s'embarque avec ses fils Napoléon et Joseph le 15 décembre 1778 pour Marseille. Le jour du départ, tout le monde pleure, ceux qui partent comme ceux qui restent, seul Napoléon, l'œil sec et le sourire aux lèvres, demeure maître de lui, séchant les larmes, ranimant les courages. Pourtant, il ne reverra son île natale, sa mère et les siens, que sept années plus tard, le 15 septembre 1786. La traversée est une joie pour les enfants et l'arrivée à Marseille les rend enthousiastes. Cette grande ville, avec son mouvement, ses beaux monuments, son port, ses promenades, leur semble être sans rivale en Méditerranée. Cependant, la petite troupe poursuit son voyage et arrive à Autun. Napoléon et son frère doivent d'abord y passer trois mois pour y apprendre le français dans un collège. Élevé dans le dialecte corse, Napoléon aura du mal à parler cette langue nouvelle. Il ne perdra jamais sa très mauvaise orthographe ni son accent italien. En avril 1779, Napoléon quitte le collège d'Autun pour Brienne. Quand les grilles du parc de l'école militaire de Brienne se referment sur sa solitude, il est âgé de 9 ans, 8 mois et 5 jours.

Le 15 décembre 1778, Charles Bonaparte emmène avec lui ses deux fils aînés, Joseph et Napoléon, ainsi que son beau-frère Fesch. Le petit groupe s'embarque pour Marseille. Du bateau, Napoléon verra bientôt se profiler à l'horizon la silhouette brumeuse du continent.

Humilié, déraciné, Napoléon ressent une profonde injustice et développe un fort rejet de son pays d'accueil. Partisan de l'indépendance de la Corse durant sa jeunesse, il est peu à peu fasciné par la culture française. Quand la Révolution met à bas la monarchie, son revirement est définitif et sa volonté est de devenir pleinement français.

Une discipline spartiate

Avril 1779. Le père supérieur Louis Berton de l'ordre des Minimes qui gère l'école accueille les 120 élèves pensionnaires. Le petit garçon comprend que son enfance est terminée et entrevoit, effrayé, la dureté presque inhumaine des conditions de vie qui l'attendent… La discipline extrêmement rigoureuse de Brienne doit servir à faire « plier le caractère » et « étouffer l'orgueil » des enfants nobles destinés à la carrière des armes. L'existence de ces jeunes pensionnaires est très dure, presque insoutenable. Les élèves disposent d'une cellule individuelle de moins de deux mètres carrés, meublée d'un lit de sangle avec une seule couverture été comme hiver, d'une chaise, d'une armoire basse, d'un pot à eau et d'une cuvette. Il n'y a pas de chauffage, et il gèle trois mois par hiver. Pendant la nuit, les cellules sont verrouillées de l'extérieur. En cas de besoin, on doit appeler le surveillant. Les études durent six ans au cours desquelles il est interdit de quitter l'école, sauf pendant la période des vacances ; seules les visites au parloir sont autorisées. Napoléon ne recevra qu'une seule visite, celle de son père, vers la fin de ce calvaire. On ne peut sortir de cette « prison » que pendant les promenades collectives certains dimanches, à la belle saison.

De la septième à la seconde, on y enseigne le français, le latin, les mathématiques, l'art des fortifications, les langues vivantes, l'escrime, le dessin et la danse. En fin d'année scolaire, un inspecteur général fait la tournée des écoles et sélectionne les élèves selon leurs capacités : les plus doués sont destinés à l'artillerie, au génie ou à la marine, les médiocres à l'infanterie, les incapables renvoyés à leur famille.

Petit immigré et pauvre

Déraciné, mal dans sa peau, l'enfant souffre d'être privé de l'affection de sa mère, de ses frères et sœurs, de la douceur de vivre insouciante dans laquelle il baignait en Corse. Il ne supporte pas non plus ce climat froid et pluvieux du Nord-Est de la France. Napoléon souffre en particulier de voir les autres élèves, fils d'aristocrates mieux nés que lui, faire l'étalage de leur richesse. Ils ne manquent pas de lui faire sentir qu'il n'est qu'un « pauvre petit immigré », élevé grâce aux charités du roi. En Corse, Napoléon ressentait assez peu l'inégalité des castes qui existe en France. À Brienne, en raison de ses origines sociales et insulaires, il se sent comme un être à part rejeté de tous. Ses condisciples se moquent de lui, de sa tenue vestimentaire, de sa pauvreté. Ils le traitent d'étranger à cause de son fort accent italien. Comme il prononce son prénom « Napoglioné », il devient vite pour les autres enfants « la-paille-au-nez ». Aussitôt, c'est la bagarre et les coups de poing se mettent à pleuvoir. Tout cela est vécu comme une profonde injustice par le jeune Napoléon, qui pense avoir plus de mérite que les autres élèves. Cela va nourrir dans un premier temps une véritable haine de la France.

Napoléon se retrouve dans une véritable prison : une petite cellule individuelle de deux mètres carrés, fermée à clé chaque soir, sans chauffage et où il gèle plus de trois mois par hiver.

La Corse ou la France ?

Le sobriquet « Paille-au-nez » n'est qu'un avant-goût des brimades et moqueries qu'il doit endurer. Il en conçoit une double aversion : pour la caste et pour le pays. Dévoré par sa fierté corse, il occupe ses nuits entières à méditer les leçons de la journée. Se sentant au milieu de compagnons hostiles, loin de se faire oublier, il leur tient tête du matin au soir. Sa qualité de Corse le met à part. Ces jeunes Français qui l'entourent sont tous fils de la noblesse de France : un Castres, un Vaux, un Montarby de Dampierre ; ils sont les vainqueurs de son pays. La seule pensée d'être regardé par eux comme un vaincu l'affole de fureur et d'orgueil. Il se rappelle toutes les histoires qui courent en Corse sur la victoire des Français. Méprisant, il leur répond le regard fier et les poings serrés, ne rêvant que de vengeance. Napoléon va développer alors une affection passionnée pour sa terre natale et lointaine, qu'il considère comme sa véritable patrie. Il trouve en cet « amour » un refuge et une raison de combattre les injustices. Il devient un corse patriote, anti-Français, un véritable nationaliste intransigeant.

Un travailleur acharné

Dès le lendemain de son arrivée, Napoléon doit se lever à 6 heures du matin, puis se rendre à la messe. Les cours de la classe de septième dans laquelle il est placé débutent à 8 heures avec mathématiques, français, histoire, géographie, anglais et allemand. À 10 heures, on passe au cours de fortifications et dessin de cartes jusqu'à midi. Ensuite, déjeuner au réfectoire, puis on reprend les cours jusqu'à 16 heures. De 16 à 18 heures, on fait de l'escrime, de la danse, de la musique et on suit des cours de maintien et de bonnes manières. C'est là que Napoléon prendra l'habitude de mettre toujours sa main dans son gilet. Ensuite, on part en étude jusqu'à 20 heures, puis c'est le souper, la récréation et le couvre-feu.

Napoléon travaille avec acharnement jusqu'à s'exténuer. Son désir d'apprendre est sans limite, et dès la première année il reçoit un prix. Grâce aux cours particuliers d'un excellent grammairien, le sous-principal Dupuis, il fait des progrès considérables en français. Toutefois, son orthographe reste désastreuse et il ne fait aucun effort en latin. Le père Paltraut, professeur de mathématiques, est étonné de ses capacités et de son caractère. Il s'attache à lui et lui donne aussi des cours particuliers. Quant à son professeur d'histoire, il lui prédit un grand avenir et écrit la mention : « *C'est du granit chauffé à blanc. Corse de sang ; il ira loin si les circonstances le favorisent.* »

Napoléon se met alors à travailler sans relâche. Sa soif de savoir devient insatiable et il est bientôt le meilleur élève en mathématiques. C'est la somme de ce travail, ajoutée à une intelligence et une mémoire hors du commun, qui, dans l'avenir, l'installera bien au-dessus de ses concurrents, amis ou ennemis.

Des lectures déterminantes

Napoléon se passionne pour la stratégie militaire. Au cours de l'hiver 1783, il gagne définitivement l'estime de tous ses camarades en s'improvisant chef de guerre au cours d'une mémorable bataille de boules de neige. Il admire Jules César, Henri IV, Louis XIV, Turenne, tous des chefs, des héros, des guerriers ! Lui qui vit comme un reclus dans cette école sans lumière, rêve de gloire, du soleil, d'expéditions lointaines et d'insoumission. Il consacre toutes ses heures de récréation à la lecture des biographies de personnages célèbres : Plutarque, Tacite, Suétone, Tite-Live, Virgile, Homère, et de l'histoire de France qu'il résume en des notes concises, retrouvées plus tard dans ses cahiers. Il dévore aussi les auteurs comme Corneille, Racine, Bossuet, Fenelon, mais aussi les philosophes des Lumières, Rousseau, qui avait d'ailleurs écrit un projet de Constitution pour la Corse, et surtout Voltaire dont il admire la liberté de penser. Napoléon s'imprègne presque malgré lui de la culture classique française qui va l'amener à aimer sa nouvelle patrie. Sa formation intellectuelle est entièrement française. Progressivement, il devient hostile à la monarchie.

Napoléon connaît *La Guerre des Gaules*, le livre de Jules César, presque par cœur ainsi que les vies d'Henri IV et de Louis XIV.

À 15 ans à l'École militaire de Paris, Napoléon va proposer une réorganisation complète de tous les règlements administratifs de l'école pour une plus grande égalité entre élèves, en interdisant les démonstrations liées aux privilèges de la fortune.

L'École militaire de Paris

Napoléon est suffisamment brillant pour être admis à l'École militaire de Paris aux côtés de la fine fleur de la noblesse française. Il réussit le concours dès sa première année et devient sous-lieutenant d'artillerie. Habituellement, cette préparation demande au moins trois années d'études, mais lui s'inscrit aux épreuves après six mois de travail acharné. Les résultats sont publiés le 28 septembre 1785. Ils ne sont pas excellents : sur 137 candidats, seuls 58 sont admis et il est classé 42ᵉ. Mais, à tout juste 16 ans, il obtient son brevet de lieutenant en second. Son professeur de mathématiques reconnaît que c'est un élève *« très appliqué aux sciences abstraites, connaissant à fond les mathématiques et la géographie »* mais *« hautain, extrêmement porté à l'égoïsme »*.

C'est surtout à l'École militaire de Paris que Napoléon comprend que la France est menée par des médiocres et des incapables ; selon lui, le mérite n'est pas reconnu à sa juste valeur. Nous sommes à la veille de la Révolution et, au travers du miroir des élèves tous issus de l'aristocratie – sur 137 candidats, 79 sont recalés à leurs examens –, Napoléon ne peut que constater l'ignorance, l'incompétence, l'incapacité des classes dirigeantes. Il est chaque jour davantage gagné par les idées des Lumières et commence à contester la monarchie.

Entre les quatre murs d'une cellule austère et spartiate, il ne lui reste que la lecture pour s'évader. À Valence, il en profite pour étudier le *Digeste* de Justinien qui contient toutes les lois romaines et lui apportera de solides connaissances en droit.

Une maturité politique précoce

Son passage par l'École militaire de Paris, puis l'expérience acquise lors de ses affectations de Valence et Auxonne, transforment définitivement le jeune élève des écoles royales en un futur officier artilleur de talent. Entre-temps, la prise de la Bastille en juillet 1789 puis la chute de Louis XVI vont radicalement orienter son parcours militaire et politiser sa conscience d'homme des Lumières. À Auxonne, Napoléon ne fréquente pas, comme ses camarades, les salles de jeux et les cafés. Il passe tout son temps libre à lire la plume à la main, ne cessant d'annoter, de résumer et de critiquer la pensée des grands philosophes. Peu à peu, il en vient à rédiger lui-même des textes et des projets d'ouvrages divers sur ses idées politiques. Un de ses pires supplices est de ne pouvoir se procurer les livres dont il a besoin. Quand il doit s'acheter un livre indispensable, il préfère ne pas se nourrir. Car le jeune homme, si pauvre et si gêné qu'il est, se refuse à faire un sou de dette. Bien des fois il raconte qu'il lui est arrivé de rôder devant la vitrine des libraires et de dévorer des yeux les livres qu'il désirait. En revanche, il place au nombre des grandes joies de sa vie le bonheur qu'il éprouve quand il a enfin réussi, à force de privations, à s'acheter le livre tant convoité. Il le dit : « *Je l'emportais en le pressant sur mon cœur, comme un avare son trésor.* »

Chargé de famille à 15 ans

Le 14 février 1785, son père meurt d'un cancer de l'estomac dans d'atroces souffrances à Montpellier. Ses funérailles ne réuniront qu'une dizaine de personnes. Un ami de la famille devra même avancer les frais d'enterrement. Passé le temps du deuil, Joseph lui paraissant peu capable d'assumer ses responsabilités d'aîné, Napoléon endosse le rôle de chef de famille à l'âge de 15 ans. Sa jeune sœur Élisa, qui a maintenant 8 ans, entre à l'école royale de Saint-Louis à Saint-Cyr. Fondée par Mme de Maintenon, celle-ci reçoit les jeunes filles de la noblesse pauvre. L'entretien d'Élisa, les charges de la famille, l'éducation des petits épuisent toutes ses ressources. Il n'a pour faire vivre sa famille et faire figure dans le monde que sa solde, soit 75 francs par mois, plus la maigre rente annuelle de 200 francs que le roi cède sur sa cassette aux anciens cadets-gentilshommes. Entre-temps, la famille s'est agrandie de Caroline et Jérôme qu'il ne connaît toujours pas. Napoléon obtient un premier congé et, le 15 septembre 1786, il foule enfin sa terre natale pour la première fois depuis l'âge de 9 ans. Letizia a peine à reconnaître son petit *Nabulio* en uniforme bleu et rouge. Tout auréolé de ses succès, le jeune homme découvre Caroline et le petit Jérôme âgé de 2 ans.

En 1785, Napoléon, en uniforme bleu et rouge de son nouveau régiment, rend visite à sa jeune sœur Élisa à l'école royale de Saint-Louis à Saint-Cyr où elle est pensionnaire.

Officier d'artillerie au régiment de La Fère

Napoléon réalise enfin son rêve : il est nommé lieutenant d'artillerie au régiment de La Fère stationné à Valence. L'épée au côté, il ne manque pas d'allure. Plus tard, il avouera qu'il n'a jamais vu d'uniforme plus beau que le sien. Cependant, cet uniforme ne semble pas tout à fait ajusté à son corps un peu frêle. Il tranche aussi avec le teint jaunâtre, maladif d'un visage émacié. Les bottes en cuir semblent trop larges pour ses jambes maigres. L'ensemble ne manque pas de susciter chez certaines demoiselles des remarques ironiques, fort cruelles pour le petit Corse. Elles le surnomment « le chat botté ». Pourtant, s'il semble d'une santé faible et délicate, il est d'une nature robuste propre à résister à la fatigue et possède de larges épaules. Ses yeux d'un bleu foncé sont animés et vifs. Il a les cheveux bruns, le front large et proéminent, le menton effilé, le visage allongé et le teint olivâtre. On se moque beaucoup de sa peau presque jaune. Ces camarades demandent avec quoi on l'a nourri… de l'huile d'olive ? L'expression de ses traits n'a rien de frappant à première vue. Mais en l'observant avec attention, on distingue en lui ce qui annonce un profond penseur ; la vivacité de ses regards indique l'activité et l'énergie.

Revêtu de son uniforme d'artilleur du régiment de La Fère, habit bleu à collet doublé de rouge, avec des manches en mousseline et des épaulettes d'or et de soie, Bonaparte surveille fièrement l'exercice d'artillerie.

Une vie de sacrifice

Par souci d'économie, Napoléon loue une chambre à une certaine Mlle Bou et s'entend avec elle pour que son jeune frère Louis partage son modeste ordinaire. Pour arriver à joindre les deux bouts, il n'occupe qu'une toute petite chambre sans meuble, sans rideaux, uniquement composé d'une table de travail et de deux chaises. Napoléon fait la cuisine, une cuisine bien succincte, le plus souvent à base de pain sec. La gêne dans laquelle vivent les deux frères n'ôte pas à Napoléon son aplomb dans le monde, d'abord parce qu'il a déjà le sentiment de sa force, de sa valeur, puis aussi parce que sa pauvreté n'est pas apparente, il sait demeurer propre sur lui à force de soins, et garde fière allure dans son unique habit qu'il brosse lui-même. Napoléon décrira plus tard cette vie de reclus : « *Pour ne pas faire tache parmi mes camarades, je vivais comme un ours.* » Quant à Louis, âgé de 10 ans, il occupe son temps libre à recopier les manuscrits que son frère écrit, puisque contrairement à Napoléon, il possède une belle écriture. Par ailleurs, le jeune lieutenant doit aussi envoyer régulièrement une part de sa solde à Joseph, alors étudiant à l'université de Pise, et à Lucien, séminariste à Aix. Dans une lettre à son frère aîné, il écrit : « *Je suis très content de Louis, il répond à mes espérances et mes attentes. Tu le sais, je ne vis que par le plaisir que je fais aux miens. Si le bonheur ne m'abandonne pas, je pourrai vous rendre heureux et remplir vos désirs.* »

Le soir et le matin, Napoléon donne des leçons de mathématiques à Louis, son jeune frère, et le prépare à son avenir.

Le vent de la Révolution

La vie précaire que mène le jeune officier, ses privations, sa pauvreté, n'altèrent en rien son énergie ou son aplomb. Sa grande facilité d'élocution, son éloquence nerveuse, pleine d'imprévu, de naturel, ses idées nouvelles, hardies, la franchise de ses opinions, la noblesse de ses sentiments, la justesse étonnante de son jugement, son indifférence des soucis vulgaires, et plus que tout ses conceptions d'ensemble sur le parti à tirer des événements du mouvement révolutionnaire, attire les regards. Il se fait remarquer, il captive, intrigue tous ceux qui le croisent.
Napoléon ne prend que deux repas par jour, notamment au restaurant Les Trois Pigeons : deux petits pâtés d'un sou accompagnés d'un verre d'eau le matin et un souper. C'est là qu'il lit éperdument les journaux en provenance de Paris, remplis des plus palpitantes nouvelles de cette incroyable année 1789. Car un vent nouveau souffle sur tout le pays et les événements se précipitent : le 14 juillet, les Parisiens prennent la Bastille, le 4 août les privilèges sont abolis. Napoléon accueille avec joie ces profonds bouleversements qui entraînent l'annulation du règlement cantonnant les « petits nobles » comme Napoléon à des postes de « cadres inférieurs » de l'armée. La carrière du jeune lieutenant ne pourra plus être freinée : *« Les révolutions sont un bon temps pour les militaires qui ont de l'esprit et du courage »*, écrit-il.
Car Napoléon n'hésite pas à adhérer à ce formidable mouvement de liberté qu'est la Révolution de 1789. Il vit en France depuis dix ans et s'est imprégné presque malgré lui d'une culture française qui l'a amené à chérir son nouveau pays. Il reste corse de tempérament mais sa formation intellectuelle est entièrement française. La Révolution lui fait comprendre la grandeur de la France et va lever ses dernières réticences envers sa nouvelle patrie. Sa haine des « privilégiés » et surtout de l'administration royale est encore plus forte. Quant à sa méfiance de la monarchie française, elle lui inspire un sentiment de défiance vis-à-vis de toute autorité royale quelle qu'elle soit, comme il en témoigne dans ses écrits : « *Il n'y a que fort peu de rois qui n'eussent pas mérité d'être détrônés.* » Cependant, Napoléon éprouve encore un plus grand mépris pour la « canaille », la « populace », qui ne conduit qu'à l'anarchie et au chaos.

Dans des restaurants modestes, il avale en dix minutes des repas frugaux et lit éperdument les gazettes de Paris, remplies des plus palpitantes nouvelles de l'année 1789. Autour de lui, il attire des regards curieux ; l'originalité émanant de sa personne intrigue…

De la terrasse du bord de l'eau où il se trouve, Napoléon assiste à l'humiliation du roi obligé de porter le bonnet rouge des révolutionnaires.

« J'ai vu la chute du roi Louis XVI »

Depuis la fuite de Louis XVI à Varennes, le 20 juin 1791, et la découverte des preuves de sa trahison, la rupture est entamée entre le roi et les révolutionnaires. Le 20 juin 1792, Bonaparte est témoin d'une scène qui le marque à jamais. Voyant passer la populace qui se rue vers le palais des Tuileries, le jeune homme la suit et va ainsi jusqu'au Palais-Royal, où la cohue écumante oblige le roi, la reine et le prince royal à apparaître à la fenêtre. Il est indigné autant de la faiblesse du roi que des exigences de la multitude. Une indicible colère le secoue des pieds à la tête lorsqu'il voit que le roi s'est laissé coiffer du bonnet phrygien rouge. De rage, il s'écrie : *« Quel* coglione *! Il fallait balayer toute cette canaille avec du canon et le reste courrait encore ! Il s'est perdu en cédant »*, répète-il. Cependant, Napoléon n'est pas royaliste, loin s'en faut, mais on ne peut pas confondre la foule sanguinaire avec le peuple : celle-ci n'est qu'une brute inconsciente et cruelle, un chien enragé mordant les peureux qui l'épargnent. Cette émeute de gens *« déguenillés et burlesquement armés, vociférant et hurlant les plus grossières provocations »* le dégoûte. Cette humiliation va encore accentuer sa méfiance à l'égard de la « populace » révolutionnaire, lorsque, le 10 août, Bonaparte assiste à la prise d'assaut des Tuileries dans le jardin même du palais. Il est glacé d'horreur : *« Partout la rage est dans les cœurs, elle se montre sur toutes les figures. »* Au total, environ 800 gardes suisses faits prisonniers sont lynchés, massacrés et leur cadavre dépecé. Après le carnage, il s'aventure dans le jardin des Tuileries : là, gisent les corps des suisses tués. Il voit une grosse femme uriner sur le cadavre d'un garde du roi… Napoléon ressent à présent un curieux mélange de dégoût à l'égard de la « populace » et de haine envers les aristocrates et leurs privilèges. D'après lui, la Révolution est en marche vers la Terreur et pense que si seulement *« Louis XVI se fût montré à cheval, la victoire lui fût restée… »* Dans l'après-midi de cette sanglante journée, la royauté est renversée et la Convention nationale votée.

VIVE LES
SANS-CULOTTE !

MORT AUX TYRANS!
MORT OU LIBERTÉ
LA ROYAUTÉ EST ABOLIE
LA RÉPUBLIQUE OU LA MORT
10 AOUT 1792

1793-1798 Ascension vers la gloire

Devenu un excellent stratège, Napoléon se fait remarquer lors de la reprise de Toulon, tombée aux mains des Anglais. Cet exploit lance sa carrière : à 24 ans, il est nommé général de brigade ! Tout semble lui réussir, il réprime avec succès l'insurrection royaliste du 13 Vendémiaire, ce qui le propulse à la tête de l'armée de l'Intérieur. Le jeune général épouse Joséphine de Beauharnais le 9 mars 1796 et prend la tête de l'armée d'Italie. En sept mois, il remporte douze victoires éclatantes en douze batailles. L'Autriche et le Piémont lui demandent grâce. Son irrésistible ascension vers la gloire vient de commencer…

Durant l'été 1792, le 10 août, Bonaparte est témoin de la prise des Tuileries et de la chute de la royauté. Comment, après la tourmente révolutionnaire, apporter une nouvelle stabilité à la France ? Son imagination est en marche.

« Tu poi, Napoleone, sarai un omone »

Bonaparte est à Ajaccio pour assister aux derniers moments de son oncle l'archidiacre Lucien. Avant de mourir, celui-ci l'aurait regardé en murmurant ces mots prophétiques : « *Tu poi, Napoleone, sarai un omone* », « *Toi, plus tard, Napoléon, tu seras un grand homme.* » C'est l'heure de son engagement politique. À son retour en métropole, le capitaine Bonaparte se voit confier le commandement de l'artillerie chargée de reprendre la ville de Toulon livrée aux Anglais par les royalistes.

Bonaparte réunit ses canons en un lieu particulièrement exposé et l'appelle « la batterie des hommes sans peur ». Un grand nombre de ses soldats sont tués ou blessés ; il n'hésite pas à manier l'écouvillon puis à charger lui-même les canons. C'est ainsi qu'il contracte la gale, maladie dont il mettra près de dix ans à guérir.

Le 16 décembre 1793, Bonaparte lance l'offensive contre le fort de l'Eguillette. Comme à son habitude, il mène l'assaut au premier rang. Blessé au genou par un coup de baïonnette, le jeune chef de bataillon se relève et poursuit le combat. Le soir même, le fort est pris.

Toulon reprise aux Anglais

D'une incroyable énergie, infatigable, Bonaparte est partout. Cet homme a reçu un don : il sait obtenir de ses hommes le meilleur d'eux-mêmes. Il sait les galvaniser : « Il faut… On doit… J'affirme », répète-t-il sans cesse. En moins d'un mois, il découvre la faille de la défense anglaise et son plan d'attaque est tout simplement génial : s'emparer le plus vite possible des forts qui ceinturent la ville. De là, il sera possible de bombarder les escadres anglaises. Par sa détermination et son sens aigu de la tactique, il fait l'admiration de ses officiers : Desaix, Marmont et l'impassible Junot. Napoléon évoquera le sang-froid déconcertant de ce dernier : « *Je demandai sur le terrain un sergent ou un caporal qui sût écrire. Quelqu'un sortit des rangs et écrivit sous la dictée sur l'épaulement même. La lettre à peine finie, un boulet la couvre de terre. "Bien, dit l'écrivain, je n'aurai pas besoin de sable." Cette plaisanterie, et le calme avec lequel elle fut dite, fixa mon attention et fit la fortune du sergent ; c'était Junot !* » Du 11 au 16 décembre, Bonaparte manifeste une ardeur incroyable au combat : il se tient jour et nuit près de ses batteries d'artillerie, dormant à même la terre, enveloppé d'un manteau. Le 15, il manque d'être tué par un boulet, il est blessé à la tête. Le 16 décembre, l'offensive est lancée contre le dernier fort de l'Eguillette. Blessé une nouvelle fois au genou par un coup de baïonnette, le jeune chef de bataillon se relève et poursuit le combat. Le soir même, le fort est pris. Pour Bonaparte, c'est le début de la gloire : le 22 décembre, il est nommé général de brigade… il a à peine 24 ans !

Napoléon en prison

C'est durant le siège de Toulon que Napoléon devient l'ami d'Augustin Robespierre et un soutien de son frère, Maximilien, l'homme de la Terreur. Pour lui, il incarne à la fois un certain retour à l'ordre, une défense des principes des Lumières, de la « vertu » et des acquis révolutionnaires. Depuis longtemps déjà, le jeune officier participe aux débats d'idées des clubs révolutionnaires dans les villes où il est en garnison. Comme il est hostile aux privilèges et proche des réformateurs, il s'est inscrit au club des Jacobins. Ces patriotes, partisans de la république, constituent à l'Assemblée nationale une force d'intervention décisive dans le jeu politique. La victoire de Toulon, inattendue, est capitale pour la Révolution. Remportée grâce à Napoléon, elle attise les jalousies autour de sa personne. On le soupçonne de servir la mégalomanie des Robespierre, en particulier du jeune frère Augustin auquel on le sait très lié. Napoléon expose ses idées jacobines dans des brochures qu'il fait publier. Dans un style ampoulé et quelque peu confus, il condamne le « despotisme », la corruption. En bon disciple de Rousseau, il préconise l'établissement d'une société de petits propriétaires égaux et vertueux. Par ailleurs, il évoque de façon troublante le destin dramatique des grands personnages : « *Les hommes de génie sont des météores destinés à brûler pour éclairer leur siècle* »… Dans un texte intitulé *Le Souper de Beaucaire* (29 juillet 1793), l'officier jacobin exprime une profonde aversion envers les Girondins, ces « fédéralistes » coupables à ses yeux d'affaiblir la république forte et centralisée. Mais, à partir de juin 1793, sous prétexte de sauver la Révolution en danger, Robespierre instaure la Terreur et fait guillotiner 16 594 personnes opposantes ! Le 9 thermidor, un complot renverse les frères Robespierre et jette la suspicion sur Bonaparte. Ses amis politiques sont arrêtés et guillotinés le lendemain. Le jeune général risque l'échafaud. Bonaparte est accusé de préparer à Gênes un « plan liberticide », une conspiration. Le 9 août 1794, le Comité de salut public ordonne son arrestation et la suspension de ses fonctions. Jeté en prison, le suspect est finalement « gardé aux arrêts de rigueur ». Faute de preuve, il sera libéré le 20 août sans pour autant être réintégré à son poste.

Devenu un intime d'Augustin Robespierre, le frère de Maximilien qui dirige la Révolution, Napoléon risque l'échafaud quand ils sont renversés. Il est arrêté pendant onze jours avant d'être libéré. Mais son nom reste rayé de la liste des généraux, ce qui ruine pour un temps ses ambitions.

Alors que la disette touche Paris, Napoléon est pris à parti par un groupe de marchands des Halles. Une grosse commerçante l'apostrophe : « *Tous ces officiers se moquent de nous, qu'est-ce que ça leur fait que nous manquons de pain pourvu qu'ils s'engraissent !* — *La mère,* lui répond Bonaparte, *regarde-moi bien et, de nous deux, dis-nous quel est le plus maigre ?* »

Une autorité naturelle

A cette époque, Napoléon n'est pas très séduisant : il est extrêmement maigre, son teint est jaune et il se soigne si peu que ses cheveux mal peignés, mal poudrés lui donnent une allure peu engageante, presque maladive. Son bicorne laisse échapper deux longues mèches brunes semblables à des oreilles de chien qui retombent sur sa redingote. Il est chaussé de bottes si mal taillées que ses jambes fluettes semblent flotter dedans. Mais quand on le croise de près, on s'aperçoit que ses traits sont purs et l'on est surpris par l'éclat de ses yeux gris-bleu. Enfin, et surtout, il est doté d'une autorité naturelle et semble né pour se faire obéir. Un matin, près de la fontaine des Innocents, aux Halles, Napoléon passe seul à cheval, il croise un groupe de marchands fort excités par la disette qui sévit dans Paris. Il essaie de les calmer et une dispute avec la foule des marchands s'ensuit. Une grosse commerçante lui crie alors : « *Tous ces officiers se moquent de nous, qu'est-ce que ça leur fait que nous manquons de pain pourvu qu'ils s'engraissent ! — La mère*, lui répond Bonaparte, *regarde-moi bien et, de nous deux, dis-nous quel est le plus maigre ?* » Tout le monde éclate de rire ; avec son franc-parler, il vient de remporter la partie.

Le 7 mai 1795, il reçoit enfin une lettre d'affectation qu'il le nomme général d'artillerie dans l'armée de l'Ouest, en Vendée, chargée de réprimer l'insurrection des chouans. Pas question pour lui de participer à cette guerre civile et de faire couler du sang français. Napoléon rêve alors d'une autre carrière loin de France. Il pense même un moment offrir ses services au Grand Turc, en qualité de général d'artillerie de l'Empire ottoman. Mais la république est menacée par les royalistes. Un coup d'État semble imminent.

Le pari du général Bonaparte

Pour asseoir sa réputation, il manque encore à Napoléon un véritable succès politique. Celui-ci s'offre à lui avec la tentative de coup d'État du 13 Vendémiaire. Le 3 octobre 1795, 25 000 insurgés royalistes marchent sur l'Assemblée. En face, la Convention ne dispose que de 5 000 hommes dépourvus de toute artillerie. Le nouvel homme fort de la Révolution, Paul Barras, fait appel à des officiers fidèles à la république. Parmi eux, il reconnaît Bonaparte qu'il a déjà remarqué à Toulon. Il y a aussi un certain Joachim Murat… Barras propose à Napoléon d'accepter le commandement en second, sous ses ordres, pour conduire les troupes gouvernementales et mettre fin au soulèvement royaliste. Il n'aurait jamais pu prévoir une offre aussi importante. Balbutiant presque à ce moment solennel dans sa vie, il demande s'il peut réfléchir. Barras lui donne trois minutes. Bonaparte, debout et immobile, se demande si ce choix n'est pas dangereux pour sa future carrière. Paris qui entraîne toujours la nation lui pardonnera-t-elle d'avoir fait couler du sang français ? Soudain, brusquement, avec son énergie accoutumée, il répond : « *Soit, j'accepte ; mais je vous préviens que si je tire l'épée, elle ne rentrera dans le fourreau que quand l'ordre sera rétabli, coûte que coûte.* » Le lendemain, les insurgés, progressant sur les deux rives de la Seine, tentent de prendre en tenaille les Tuileries, siège de la Convention. Sous une pluie battante, Bonaparte organise la défense du palais, impressionnant autant par son calme et sa fermeté que par la froide exécution de sa mission. Gagnant de vitesse les royalistes, il ordonne au chef d'escadron Murat de faire venir le plus rapidement possible 40 canons qui se trouvent au camp des Sablons, aux portes de la capitale. Ces pièces lui servent aussitôt à bloquer les avenues qui mènent aux Tuileries. Il les dispose méticuleusement en batteries autour de l'église Saint-Roch. En trois quarts d'heure, Bonaparte a vite fait de mettre en fuite les insurgés. Dans la nuit et la journée qui suivent, les généraux aux ordres de Bonaparte poursuivent les fuyards. Le 26 octobre 1795, la République récompense son audace, il se voit nommé général en chef des armées de l'Intérieur. Il a alors 26 ans. La chance est toujours avec lui…

Murat et son escadron de chasseurs passèrent à fond de train devant la troupe des sections royalistes avec les canons qu'ils venaient de leur rafler juste sous leur nez. Murat les rapporta à Bonaparte qui les braqua aussitôt sur les insurgés. Dès ce jour, l'indispensable Murat devint son fidèle lieutenant partout présent.

Le 13 Vendémiaire an IV de la république, devant l'église Saint-Roch, au cœur de Paris, le « capitaine canon » foudroie les 25 000 royalistes qui tentaient un coup d'État. Le « général Vendémiaire » devient une vedette populaire.

Joséphine : le coup de foudre !

Sa carrière est lancée ; sa vie prend un nouveau tour. Il est logé dans un hôtel particulier donnant sur la place des Piques (actuelle place Vendôme). Le soir, il fréquente les somptueux dîners de Mme Tallien. Il y rencontre une veuve élégante et troublante aux doux accents créoles, reine des salons parisiens : Rose de Beauharnais. D'abord intrigué, le jeune général tombe peu à peu sous le charme de celle qu'il appellera bientôt Joséphine…

À 32 ans, Marie-Josèphe-Rose Tascher de La Pagerie émerveille la société parisienne. Ses cheveux bruns finement bouclés, ses grands yeux bleu foncé et ses gestes langoureux et élégants lui attirent une foule d'admirateurs et d'amants.

« L'incomparable Joséphine »

Marie-Josèphe-Rose Tascher de La Pagerie est née aux Trois-Îlets, en Martinique, dans une famille noble. Elle gardera toujours des Antilles un délicieux accent créole qui lui donne un charme langoureux presque ensorcelant. En 1779, à 16 ans, elle y rencontre un officier, le vicomte Alexandre de Beauharnais, qu'elle épouse et auquel elle donne deux enfants, Eugène et Hortense. Pendant la Terreur, son mari est traduit en justice devant le Tribunal révolutionnaire, le 23 juillet 1794, condamné puis exécuté le jour même. Échappant de justesse à l'échafaud, Rose est enfermée à la prison des Carmes dans des conditions atroces. Pendant six mois, elle faillit plusieurs fois partir pour la guillotine. On raconte que c'est le beau général Hoche qui la sauva de la mort – elle aurait eu une aventure amoureuse avec lui dans le cachot où elle était enfermée… Cette expérience pénible fait naître en elle un profond dégoût pour la violence révolutionnaire et une certaine nostalgie pour l'Ancien Régime. Sa libération coïncide avec les débuts de la folle période du Directoire, où un vent de libertinage souffle sur la capitale. La jeune veuve se jette avec ivresse dans la vie mondaine, fréquentant le salon de Mme Tallien, « Notre-Dame de Thermidor », et celui de son amant, Barras. Elle est certainement la femme la plus sensuelle de l'époque, de taille moyenne parfaitement proportionnée. Sa bouche ravissante, toujours fendue d'un sourire léger, s'accorde avec la douceur infinie de ses grands yeux aux longs cils légèrement relevés. Et, avec cela, un petit nez un peu retroussé, engageant et fripon, qui provoque le désir. « *Les yeux de Joséphine étaient presque toujours à demi fermés par ses longues paupières, légèrement arquées et bordées des plus beaux cils du monde* », nous dit Constant, le valet de Napoléon. Très coquette, elle trichera toute sa vie sur la date de sa naissance pour se rajeunir. Né le 23 juin 1763, elle a donc six ans de plus que Napoléon et fait croire qu'elle est née en 1768…

Durant sa jeunesse Joséphine aurait croisé le chemin d'une diseuse de bonne aventure. Après avoir scruté longuement sa main, la vieille femme eut un silence gêné et inquiétant. L'adolescente impatiente lui aurait dit : « Mais, bonne femme, que voyez-vous donc enfin ? Des malheurs ou du bonheur ? » Perplexe, embarrassée, la devineresse, essuyant d'un geste nerveux son front empourpré de sueur, lui aurait lancé tout à trac, avant de prendre ses jambes à son cou : « Vous vous marierez bientôt, cette union ne sera point heureuse. Vous serez veuve et alors, et alors… vous deviendrez reine de France, plus que reine même ! » En deux phrases, Joséphine savait tout son destin.

Le 9 mars 1796, à la mairie du 2e arrondissement au numéro 3 de la rue d'Antin, en la seule présence de témoins illustres, Barras et Tallien, le mariage a lieu. Mais le futur époux se fait attendre. Tout le monde s'impatiente et Joséphine se morfond. Le maire, lassé d'attendre, part se coucher et les chandeliers achèvent de brûler dans leur flambeau d'étain. Le commissaire chargé de remplacer le maire, Collin-Lacombe, s'est assoupi et tout le monde s'apprête à en faire autant quand, soudain, le général surgit…

Un mariage d'amour ?

Joséphine de Beauharnais devient une des reines du Directoire, cette folle période qui suit la Terreur. Elle est la maîtresse du chef du gouvernement, le tout-puissant Barras, personnage sulfureux aux mœurs dissolues. Il est l'un des cinq membres du Directoire et incarne parfaitement tous les vices du régime : la corruption, la luxure. Bientôt, le « roi Barras », comme on le surnomme, se lasse de Joséphine et cherche à se débarrasser d'elle. Il lui conseille d'épouser un jeune général à l'avenir très prometteur : Napoléon Bonaparte. Celui-ci la rencontre en octobre 1795 dans les salons de Mme Tallien. Leur première nuit d'amour, au mois de janvier, fait naître en lui une passion brûlante. Il tombe fou amoureux de la belle, qu'il surnomme Joséphine pour oublier son véritable prénom – Rose – prononcé par ses trop nombreux amants. Il lui écrit des lettres enflammées : « *Ah ! Je puise sur vos lèvres, sur votre cœur, une flamme qui me brûle !* » Mais il sait aussi qu'en faisant sa conquête, il peut espérer se rapprocher du directeur Barras, le seul pouvant lui confier un commandement digne de son génie militaire.

Joséphine est touchée par tant d'attentions, mais de son côté, ce n'est pas encore de l'amour, à peine de la tendresse. Cependant, elle est couverte de dettes et ne doit son salut qu'aux faveurs de Barras. Et à 33 ans, elle n'aura bientôt plus de propositions, aussi finit-elle par accepter la demande en mariage du jeune général. Leur union doit être célébrée le 9 mars 1796 à la mairie du 2e arrondissement avec Barras et Tallien comme témoins. Après d'interminables heures d'attente dans le salon de l'Hôtel de Ville, Napoléon n'est toujours pas là ; tout le monde croit que le mariage n'aura pas lieu quand, soudain, il arrive enfin, pressé, sabre au côté. Il réveille en le secouant le commissaire chargé de remplacer le maire : « *Allons mariez-nous, vite !* » lui lance-t-il. Deux jours après, le 11 mars, Bonaparte part rejoindre l'armée d'Italie stationnée à Nice. En route pour la gloire !

Napoléon vitupère contre les *Me'veilleuses* et les *Inc'oyables*, la jeunesse dorée de la Révolution. Ces bandes de jeunes sont l'exemple de la frivolité qui s'est emparée de la capitale depuis la chute de Robespierre. On les nomme ainsi parce qu'ils suppriment volontairement les « r » – moyen de renier publiquement la Révolution – et répètent continuellement « C'est inc'oyable ! » Parfumés de musc, d'où l'appellation de « muscadins », ils sont habillés de costumes excentriques. Ils tiennent à la main un bâton à poignée plombée qu'ils utilisent lors de mémorables bagarres contre les jacobins. « *À Paris,* écrit Napoléon Bonaparte, *la moitié de la population meurt de faim tandis que l'autre moitié s'amuse au milieu des bruyants plaisirs, la gaîté brille et les plaisirs planent…* »

L'extraordinaire campagne d'Italie

Nommé commandant en chef de l'armée d'Italie, Napoléon Bonaparte se révèle un génie militaire. Avec une armée mal équipée, mal nourrie et mal vêtue, il remporte douze victoires en douze batailles ! La campagne d'Italie est fulgurante et donne à la France une grande partie de l'Italie du Nord. L'Aigle a pris son envol, plus rien ne pourra l'arrêter…

L'accueil glacial de ses généraux

Marié depuis deux jours, Napoléon part prendre possession du commandement de l'armée d'Italie à Nice où il arrive le 26 mars 1795. Le lendemain de son arrivée, Bonaparte est mal accueilli par ses nouveaux officiers, ses faits d'armes sont loin d'égaler ceux des grands généraux de la Révolution comme Hoche ou Kléber : les uns se défient de son inexpérience, les autres sont jaloux de sa bonne fortune. Tous lui reprochent de n'avoir conquis son grade qu'en triomphant d'une révolte populaire et en mitraillant les Parisiens. Qu'attendre d'ailleurs d'un homme si jeune, dont la taille est si petite, et qui, sur ses joues creuses et livides, porte l'empreinte d'une sorte d'épuisement ! Quand le nouveau général en chef de l'armée d'Italie de 26 ans convoque ses généraux de division, tous font figure de « vieux de la vieille » qui ont conquis leurs épaulettes à la pointe de leur sabre : Masséna a 37 ans, Augereau 38, Sérurier 54. Ils se promettent de recevoir comme il convient le « freluquet ». Bonaparte les fait attendre. Quand, enfin, il arrive devant eux, il leur explique d'une voix sèche et coupante : « *Demain je passerai l'inspection de tous les corps et après-demain je marcherai contre l'ennemi !* » Tous trois ont relaté dans leurs *Mémoires* qu'ils ont aussitôt senti une autorité sourde qui leur en imposait, qu'ils ont été comme écrasés par ce regard pénétrant et qu'ils n'ont plus songé qu'à obéir aveuglément à ce jeune chef. Masséna raconte : « *Après cette entrevue, je l'ai vu grandir de deux pieds…* » et Augereau avoue : « *Ce petit gringalet de général m'a fait peur. Je ne peux comprendre l'ascendant qu'il a pris sur moi dès le premier coup d'œil.* »

« Soldats ! Vous êtes nus et mal nourris… »

Dès leur premier contact avec le général, toutes les inquiétudes des soldats et des officiers s'évanouirent. Bonaparte a trouvé à son arrivée une situation navrante de misère, avec une armée mal équipée, mal nourrie et mal vêtue. Il va ranimer leur enthousiasme par un discours enflammé. Il parle le langage d'un aventurier héroïque à qui la fortune sourit : « *Soldats*, leur dit-il en montrant du haut des Alpes les fertiles plaines du Piémont et de la Lombardie, *vous êtes nus et vous êtes mal nourris : le gouvernement vous doit beaucoup et ne peut rien pour vous ? Votre patience, votre courage vous honorent, mais ne vous procurent ni avantage ni gloire. Je vais vous conduire dans les plus fertiles plaines du monde ; vous y trouverez de grandes villes, de riches provinces ; vous y trouverez honneur, gloire et fortune. Soldats d'Italie, manqueriez-vous de courage ?* » Jamais on ne leur avait parlé comme ça… Le frémissement qui agita ces vieux guerriers, et les acclamations qui montèrent jusqu'au ciel, lui apprirent que, désormais, soldats et généraux, tous les acteurs de cette grande scène, étaient convaincus de leur propre valeur et de leur avenir ; dès ce moment, il pouvait tout oser.

Le commandement de l'armée d'Italie offre au jeune général corse une chance qu'il ne va pas laisser passer. Il se couvre de gloire et devient le général le plus populaire de la Révolution française, un général comme on n'en avait encore jamais vu !

« Napoléon vole comme l'éclair et frappe comme la foudre »

(Courrier de l'armée d'Italie)

Avec 37 000 hommes déguenillés, il va conquérir les riches plaines de Lombardie, du Piémont et de la Vénétie. La campagne commence fulgurante et Napoléon déploie tout son talent militaire. Il écrase les sept armées que les Autrichiens et leurs alliés envoient contre lui, chacune supérieure numériquement : le 10 avril 1796, il prend l'offensive et remporte les victoires de Montenotte le 12, Millesimo le 13, Dego le 15, Mondovi le 21. En quinze jours d'une activité prodigieuse, il a vaincu deux armées, remporté six victoires, et signé un armistice à Cherasco le 28 avril. Le Piémont est conquis et il assure à la France la possession de la Savoie et du comté de Nice. Cependant, la guerre est loin d'être finie, puisque le principal adversaire de la France, l'Autriche, envoie une nouvelle armée de 70 000 hommes. Le passage du Pô, le 6 mai, et l'entrée en Lombardie inaugurent la seconde phase de la campagne. Elle est marquée par les batailles de Lodi et de Castiglione. Celle du pont de Lodi est à la fois une victoire stratégique, car elle ouvre à l'armée française les portes de Milan, et une victoire psychologique pour Bonaparte qui la vit comme une sorte de révélation. Surpris lui-même par la précision de ses calculs et la rapidité de leur exécution, il dira : « *Je voyais le monde fuir sous moi, comme si j'étais emporté dans les airs.* » Ce nouvel exploit fait naître dans son esprit la première étincelle d'une haute ambition ; l'impression d'être un homme supérieur aux autres.

Le pont d'Arcole

Arcole, les 15, 16 et 17 novembre 1796, et Rivoli, le 14 janvier 1797, ont un retentissement incroyable à travers toute l'Europe. Les généraux ennemis n'en reviennent pas : « *Ce Bonaparte est un sorcier ! II trouve le moyen d'être partout à la fois* », disent-ils. En effet, les Autrichiens sont toujours attaqués du côté où ils ne s'y attendent pas, et sont toujours vaincus. Pourtant, à Arcole, il s'est fallu d'un cheveu que cette extraordinaire série de victoires s'arrête. À un moment du combat, Bonaparte voit son armée fléchir, un instant terrible où Augereau, qui a franchi le pont seul sous le feu des tirs autrichiens, lâché par la troupe, recule. Napoléon descend de cheval, saisit un drapeau, et s'élance sur le pont en hurlant : « *Soldats, n'êtes-vous pas les vainqueurs de Lodi ? Suivez-moi !* » Une colonne de braves se forme derrière lui, qui avance toujours, le drapeau à la main, à travers une grêle de balles ; il est entouré de Lannes et de Muiron qui couvrent de leur corps le général en chef. Lannes reçoit trois blessures et s'arrête. Cependant la colonne est près de franchir le pont, lorsqu'une dernière décharge, un feu terrible des Autrichiens les mitraille presque à bout portant. Muiron, qui a déjà sauvé Bonaparte au siège de Toulon, est frappé d'une balle en plein cœur. Il est tué devant lui en lui servant de bouclier. Dans la bousculade, Napoléon est précipité violemment dans les marais ; en contrebas, son frère Louis l'en extirpe, couvert de boue et presque inanimé. Le lendemain, le combat reprend et est enfin victorieux, faisant 6 000 morts et 5 000 prisonniers chez les Autrichiens.

Le soir de la bataille d'Arcole autour du feu, tous les régiments se racontent cette action d'éclat.

« Vingt batailles gagnées vont si bien à la jeunesse ! »

Le 19 novembre 1796, Napoléon entre à Vérone accueilli en libérateur sous des brassées de fleurs. Les patriotes italiens, débarrassés du joug autrichien, l'acclament comme leur sauveur. Ils fondent tous leurs espoirs dans l'établissement de ces fameuses républiques sœurs. Le général Berthier, son fidèle lieutenant, entrera à Rome le 11 février 1798 pour y proclamer la République romaine. Napoléon écrit alors : « *Pour le bonheur du peuple, il faut en Italie une unité de pensée militaire, diplomatique et financière.* » L'Europe stupéfaite voit s'élever en quelques jours un astre qui allait changer la face du monde.

Le 19 novembre, Bonaparte rayonnant de bonheur et d'orgueil avant d'entrer en vainqueur à Vérone, passe en revue son armée de va-nu-pieds. Montant Bijou, un cheval blanc, il précède sa cavalerie, acclamé par ses soldats. Toute la population est dehors, grisée par la lumière et les fleurs, par les chants et les fanfares de ces Français dépenaillés mais joyeux.

Dans les escaliers du palais du Luxembourg, les cinq membres du Directoire reçoivent tous les drapeaux pris à l'ennemi de la main de l'envoyé et aide de camp du général en chef Bonaparte : le colonel Joachim Murat.

La paix de Campoformio

Le traité de Campoformio scelle la paix en Italie le 17 octobre 1797 et met fin à la guerre que l'Autriche menait contre la France depuis 1793. Napoléon obtient toute la rive gauche du Rhin, et donc la Belgique. L'Autriche renonce au Milanais et à la Lombardie. Elle approuve la création de la République cisalpine et de la République ligure (Gênes). En compensation, elle reçoit la plus grande partie de la république de Venise, qui cesse d'être, après plus de mille ans d'existence.

Bonaparte quitte l'Italie à la fin du mois de novembre 1797 et effectue d'abord un court détour par le congrès de Rastatt où il démontre une fois de plus son talent de négociateur. Il est de retour à Paris dès le 5 décembre, où la capitale s'apprête à l'accueillir avec enthousiasme. Talleyrand, ministre des Relations extérieures, convie le vainqueur d'Arcole chez lui. Les deux hommes se rencontrent pour la première fois. « *Au premier abord,* racontera le futur grand chambellan, *il me parut avoir une figure charmante, vingt batailles gagnées vont si bien à la jeunesse, à un beau regard, à de la pâleur et à une sorte d'épuisement !* »

Dans les jours qui suivent, Napoléon reçoit sans faste en « son » hôtel de la rue Chantereine (bientôt rebaptisée rue de la Victoire en son honneur), discrète demeure que Joséphine de Beauharnais, avant de devenir Mme Bonaparte, avait aménagée avec l'aide financière de Barras, son ancien amant. Le 9 décembre, une foule, en mal d'enthousiasme, ayant appris qu'il allait être reçu solennellement par le Directoire au palais du Luxembourg, remplit les rues qui y conduisent. La liesse est telle que la voiture du général est arrêtée. Enfin, il en descend. À sa vue, un silence respectueux se fait, bientôt remplacé par des acclamations frénétiques. Il prend alors la parole et, par « un discours brusque et saccadé », se félicite de la paix qui ramènera la prospérité, puis il ajoute une phrase sibylline : « *Lorsque le bonheur du peuple français sera assis sur de meilleures lois.* » « *Il y a là de l'avenir* », murmure alors Talleyrand à son voisin.

1798-1799 L'Égypte, le rêve oriental de Napoléon

Rentré vainqueur de la campagne d'Italie, auréolé d'un prestige immense, Bonaparte s'engage, en juin 1798, dans l'expédition d'Égypte. Pour vaincre l'Angleterre, la « banquière la guerre », la France veut bloquer la route des Indes en s'emparant de l'Égypte. Le général en chef de l'armée d'Orient espère ainsi marcher dans les pas d'Alexandre le Grand.

L'aventure orientale sera aussi scientifique, 167 savants suivent Napoléon en Égypte. Ces hommes ne manquent pas de courage, car ils partent véritablement à l'aventure, ignorant tout des conditions dans lesquelles ils vont devoir travailler. Le but est de répandre les Lumières de l'Europe sur un pays asservi par l'Empire ottoman.

Une expédition militaire et scientifique…

Le 5 mars 1798, le fougueux général Bonaparte est nommé à la tête de l'expédition d'Égypte par le Directoire de la République française. Il s'agit aussi d'éloigner de France un Bonaparte trop populaire depuis la paix de Campoformio. L'expédition mobilise des moyens gigantesques. Il faut en effet transporter dans ce pays près de 36 000 soldats et 2 200 officiers. Depuis Paris, le général en chef de l'armée d'Orient organise en quelques semaines son expédition. L'encadrement est particulièrement soigné, si bien que la campagne d'Égypte va constituer un creuset pour toute une génération d'officiers appelés à une belle carrière dans l'entourage de Napoléon. Il entraîne avec lui tous ses compagnons d'Italie : Murat, Lannes, Berthier, Desaix, Junot, Bessières, Duroc et Leclerc, ainsi que les généraux Kléber, Caffarelli et son beau-fils, Eugène de Beauharnais. Bonaparte souhaite aussi en faire une expédition scientifique et emmène avec lui quelques-unes des gloires de la science française. Il sélectionne avec soin 167 savants, artistes et ingénieurs dont il entend s'adjoindre les services. Car le militaire est extrêmement soucieux de se présenter en héros civilisateur. Ces savants s'appellent Monge, Berthollet, Geoffroy Saint-Hilaire. Ils sont accompagnés d'ingénieurs, de chimistes, zoologistes, architectes, astronomes, mais aussi d'économistes, d'imprimeurs, de médecins. Non sans appréhension, ils vont suivre une armée en campagne dans une contrée hostile. Une fois l'équipe scientifique rassemblée, Bonaparte part immédiatement pour Toulon, où, depuis le 6 mai 1798, les troupes commencent à embarquer. Quelques jours plus tard, le 19 mai, le corps expéditionnaire français quitte le port, cap sur Alexandrie, à bord de 300 bâtiments réunis pour transporter cette masse hétéroclite d'hommes auxquels se sont jointes quelques femmes.

Bonaparte débarque à Alexandrie le 1er juillet 1798. Aussitôt, il dirige son armée vers Le Caire par le chemin le plus court, à travers le désert. Durant le mois le plus chaud de l'année, par 50 °C, les soldats avancent en uniforme de laine. La soif, le manque de vivres et la dysenterie éprouvent cruellement ces hommes.

Le nouvel Alexandre le Grand

Les Français débarquent à Alexandrie le 1er juillet 1798. Par chance, l'amiral anglais Nelson, redoutable marin qui sillonne la Méditerranée depuis des semaines à la recherche de la flotte française, vient de quitter le port d'Alexandrie. La voie est donc libre ! Bonaparte négocie sans mal avec les chefs religieux qui commandent la ville, renvoie sa flotte en rade d'Aboukir et se lance à la conquête du pays, harcelé par les troupes ottomanes, les fameux Mamelouks, maîtres du désert. Mais leurs légendaires charges de cavalerie se heurtent aux formations en carré des soldats français qui progressent irrésistiblement. Malheureusement, les soldats de Bonaparte ne sont pas habitués à la chaleur écrasante du désert ! Par 50°C, durant le mois le plus chaud de l'année, ils avancent en uniforme de laine inadapté dans un climat torride… La soif – ils n'ont pas de bidon d'eau personnel –, le manque de vivres et la dysenterie éprouvent cruellement l'armée. Pour la première fois, Bonaparte se trouve face à des cas de mutinerie et de folie, l'armée est comme « attaquée de spleen ». L'implacable soleil égyptien pousse les soldats les moins endurcis à se faire sauter la cervelle. Alors, mettant pied à terre et suivant les colonnes comme un simple soldat, le vainqueur d'Italie crie à ses hommes : « *Il ne suffit pas du courage dans la bataille pour faire un bon soldat. On dit que je vais sur les traces d'Alexandre le Grand, mais pour marcher sur ses traces, il me faudrait ses soldats.* » Comme par enchantement, les insubordinations cessent.

Avant la bataille, Bonaparte lance à ses hommes : « *Allez, et pensez que, du haut de ces pyramides, quarante siècles vous contemplent !* »

Victoire sous les pyramides

Sur la route du Caire, au pied des pyramides, l'armée d'Orient se heurte, le 21 juillet 1798, dans un combat torride, aux cavaliers mamelouks du sultan Mourad Bey. Face à elle, les Mamelouks alignent 6 000 cavaliers d'élite, plus de 18 000 fantassins ainsi que 40 canons. Napoléon range alors les carrés français sur six rangs de profondeur, véritables remparts de fer et de feu. En général charismatique, il harangue alors ses hommes devant les imposantes constructions avant d'affronter de nouveau les terribles Mamelouks. « *Allez, et pensez que, du haut de ces pyramides, quarante siècles vous contemplent !* » L'effet est immédiat. Les charges folles des cavaliers mamelouks se brisent sur les carrés français. Acculés au Nil, ils s'enfuient en se jetant dans le fleuve qui les emporte. Cette victoire livre au général tout le delta du Nil. L'armée française inflige aux Ottomans, toujours aussi désorientés par la tactique française, une cuisante défaite rebaptisée « bataille des Pyramides ». Ce nouveau succès ouvre définitivement la route du Caire, où Bonaparte pénètre en vainqueur dès le 25 juillet.

Le commandant en second
de l'armée d'Orient se nomme
Jean-Baptiste Kléber.
Né à Strasbourg, il est fils
d'un ouvrier maçon. Engagé
dans l'armée de la Révolution
en 1792, il est nommé général
de brigade l'année suivante.
Bonaparte dit de lui qu'il est
« le dieu Mars en uniforme ».
Ce brave sera assassiné en Égypte
par un fanatique islamiste
le 14 juin 1800.

Napoléon se rend compte que son
armée n'est pas adaptée aux conditions
climatiques Il crée un régiment
de « dromadaires » surnommés
« les vaisseaux du désert » pour lutter
contre les nomades. Lui-même se
déplace souvent à dos de dromadaire,
qui est le seul animal capable de
parcourir 60 kilomètres par jour
dans le désert, sans eau ni nourriture.

Légèrement à l'écart des combats, les savants observent les monuments, la nature, réalisent de nombreux dessins, s'intéressent aux ressources du pays et établissent une riche et précise *Description de l'Égypte.*

L'Orient mystérieux, l'égyptologie découverte

L'expédition d'Égypte reste auréolée de gloire en raison de son incontestable impact scientifique. C'est que le travail accompli par les savants de l'expédition est considérable ! Non seulement Bonaparte réorganise et réforme l'Égypte, mais il met également en chantier une étude systématique de la civilisation égyptienne. Pour cela, il fonde l'Institut d'Égypte. Faune, flore et monuments : tout est examiné, étudié, exploré.

Les plus grands noms de la science contemporaine française sont en Égypte : le mathématicien Gaspard Monge de l'École polytechnique, le géologue Dolomieu, le chimiste Claude-Louis Berthollet, l'ingénieur Nicolas-Jacques Conté du Conservatoire national des arts et métiers, le naturaliste Étienne Geoffroy Saint-Hilaire, l'ingénieur Jean-Baptiste Prosper Jollois, l'orientaliste Jean-Joseph Marcel et le peintre Dominique Vivant Denon… Bonaparte a l'idée de rassembler les résultats de tous ces travaux dans un ouvrage gigantesque dirigé par ce dernier : *La Description de l'Égypte.* Plus de 200 artistes y participeront et il comprendra plus de 3 900 dessins recensant toutes les merveilles de l'Égypte. On projette aussi de gigantesques travaux et les relevés concernant le percement de l'isthme de Suez sont réalisés. « *L'œuvre est grande,* dit Napoléon, *mais ce ne sera pas moi seul qui pourrais l'accomplir maintenant, plus tard ces relevés serviront sûrement à quelqu'un…* »

Enfin, des fouilles archéologiques sont entreprises à Thèbes, Karnak, Louxor ; on découvre même une mystérieuse pierre noire près du village de Rosette…

Les hiéroglyphes intriguent beaucoup les soldats de Napoléon, qui eux-mêmes laisseront de nombreux graffitis sur les monuments égyptiens.

La découverte des hiéroglyphes

En juillet 1799, lors de travaux de terrassement dans une ancienne forteresse turque, près du village de Rosette, un jeune officier du génie, Pierre-François-Xavier Bouchard, fait la découverte la plus marquante de l'expédition : une pierre de granite noir de plus d'un mètre de haut, couverte de hiéroglyphes – la fameuse pierre de Rosette. Dessus, on découvre trois écritures : en haut, des hiéroglyphes, au centre, l'ancienne écriture de la langue parlée égyptienne et, en bas, du grec. Le grec est parfaitement connu et indique qu'il s'agit du même texte, répété trois fois. Malheureusement, la pierre est volée par les Anglais en 1801. Grâce à cette pierre dont il dispose d'une copie exacte, Jean-François Champollion percera, en 1822, le secret des hiéroglyphes. L'égyptologie est née !

Échec à Saint Jean d'Acre

Le 1er août 1798, la flotte française, maintenue à l'ancre dans la rade d'Aboukir, est entièrement détruite par l'escadre anglaise de l'amiral Nelson et Bonaparte se retrouve par la force des choses coincé dans une Égypte au bord de la révolte. L'Empire ottoman, qui a fait alliance avec l'Angleterre contre la France, encourage la sédition. Le 21 octobre 1798, Le Caire se soulève. À la fin de l'année 1798, si le calme est revenu, la situation ne s'améliore pas. Bonaparte décide alors de partir à la conquête de la Syrie pour tenter de contrer la menace turque. À la tête d'une armée de 15 000 hommes, le général français connaît quelques succès. Mais, le 19 mars, Bonaparte met le siège devant l'ancienne cité de Saint-Jean-d'Acre puissamment fortifiée par les croisés. La ville est défendue par Djezzar Pacha dit Ahmed le Boucher et par des officiers anglais. En outre, le port protégé par les canons de la flotte anglaise est constamment ravitaillé en hommes et en vivres. Non seulement les navires britanniques pilonnent sans cesse les lignes françaises, mais ils se sont emparés des 24 pièces d'artillerie de siège que l'on essayait d'acheminer par mer. Bonaparte déclare alors : « *Si Saint-Jean-d'Acre tombe je serai demain empereur de tout l'Orient.* » Pendant deux mois, les Français s'obstinent… Les assauts succèdent aux assauts, la bravoure la plus insensée à la témérité la plus folle ; rien n'y fait. Pas moins de huit attaques sont lancées en vain contre la ville par Lannes et Murat.

Murat se présenta pour monter le premier à l'assaut de la citadelle de Saint-Jean-d'Acre. Bonaparte lui refuse d'abord ce mortel honneur ; mais Murat est si pressant qu'il finit par le lui accorder.

À la bataille d'Aboukir, après que les Turcs ont décapité des prisonniers français, Murat capture Mustapha Pacha, lui coupe trois doigts et lui lance : « *Si tu refais ça à mes soldats, je te jure par Allah, je te couperai d'autres choses plus importantes.* »

Murat : « *Par Allah, je te couperai d'autres choses plus importantes* »

Napoléon échoue dans sa tentative du siège de Saint-Jean-d'Acre et doit battre en retraite vers l'Égypte. Le 14 juillet 1799, une flotte britannique de soixante vaisseaux débarque 16 000 hommes, sous le commandement du pacha de Damas. Ils se ruent sur la presqu'île d'Aboukir et font prisonniers une centaine de soldats français à qui ils coupent la tête. La contre-attaque de Napoléon est foudroyante. L'intrépide général Murat, avec sa cavalerie, charge si rapidement qu'il franchit toutes les lignes adverses, opère un mouvement tournant, puis parachève la manœuvre en capturant en combat singulier Mustapha Pacha. Le pacha lui tire alors une balle qui traverse sa bouche, lui coupe un petit morceau de l'épiglotte et lui transperce les deux joues. Murat sera opéré par le brillant chirurgien en chef Larrey. Par chance, la langue n'est pas atteinte. Il resta vingt jours complètement muet. Cette balle aurait dû lui être fatale s'il n'avait pas, à ce moment-là, écarté suffisamment les mâchoires pour hurler comme un forcené comme à son habitude. « *C'est la première fois qu'il l'a ouverte à propos* », commente sobrement son général en chef. La victoire d'Aboukir est éclatante. Les Français n'ont à déplorer que 220 morts et 600 blessés. Les pertes turques sont énormes : 12 000 morts… Kléber interpelle le général Bonaparte le soir de la victoire : « *Général, vous êtes grand comme le monde, mais le monde n'est pas assez grand pour vous !* »

Fin du rêve oriental, retour en France

Les nouvelles que Bonaparte reçoit de Paris sont catastrophiques : la guerre a repris en Europe. Sa chère Italie est perdue ; sur le Rhin, les armées du Directoire sont écrasées par les Autrichiens et les Russes. La France est en danger. Le Directoire est menacé. Il comprend que sa place n'est plus en Égypte – « *Que peuvent des gens incapables placés à la tête des affaires ? Moi absent, tout devait crouler... Ma présence, en exaltant les esprits, rendra à l'armée la confiance qui lui manque, et aux bons citoyens l'espoir d'un avenir meilleur.* » Le 11 août, sa décision est prise. Napoléon renonce à son rêve oriental et prépare, en grand secret, son retour en France. Le 22 août, il est à Alexandrie et amène avec lui Murat, Lannes, Marmont, Berthier, Monge, Berthollet et aussi un Mamelouk qui ne le quittera plus : Roustan. Tout ce monde embarque pour la France sur la frégate *La Muiron.* Avant de partir, Bonaparte confie, par ordre, sa conquête à Kléber, le plus populaire de ses généraux.

Après avoir miraculeusement échappé aux escadres anglaises pendant les quarante-sept jours de la traversée, il débarque à Saint-Raphaël le 9 octobre 1799. Il est accueilli en sauveur ; sa bonne étoile ne l'a pas trompé tout au long de son absence en Égypte : son prestige en France n'a cessé de croître. Quelques jours avant son arrivée, on venait d'apprendre sa victoire à Aboukir. Le soir même, il se met en chemin pour rejoindre la route de Paris. Partout, on le fête, on le sollicite. À Lyon, la ville est illuminée et les rues pavoisées, on crie : « Vive Bonaparte ! Vive la république ! » Au théâtre des Célestins, il voit une pièce improvisée en son honneur : *Le Retour du héros.* À Paris, la rumeur de sa prochaine arrivée enfle comme une tempête. Cette nouvelle se propage avec la rapidité fluide de l'électricité. Au matin du 16 octobre, il est à Paris sous les acclamations d'une foule enthousiaste. Cependant la situation qu'il trouve est alarmante. Ses frères Lucien et Joseph lui apprennent les dernières nouvelles : Sieyès, un des cinq directeurs, effrayé par le renouveau monarchique dans l'opinion publique, cherche *« un sabre »* pour faire un coup d'État et sauver les acquis de la Révolution. En effet, les bourgeois libéraux se détachent d'un régime qui se montre incapable de faire respecter l'ordre, la propriété, la vente des biens nationaux et de terminer la guerre victorieusement. La république est épuisée par l'anarchie, la corruption, le peuple a faim, il agonise, partout la détresse scandalise. Des maquis royalistes réapparaissent en Vendée, dans le Midi, de vastes zones d'insécurité se créent. Le règne du Directoire touche à sa fin, tout semble prêt pour un retour des Bourbons au pouvoir.

Pendant quarante-sept jours de navigation vers la France, Napoléon, seul, va et vient sur le pont, ressassant ses pensées au rythme de la traversée. Dans le silence grandiose de la nuit méditerranéenne, il observe chaque soir dans l'immensité du ciel la levée d'une étoile parmi toutes les autres. Inostensiblement, la frégate suit la direction que lui désigne cette étoile. Il en est certain maintenant, cette bonne étoile est le signe de l'incroyable destin qui l'attend...

1799-1804
Le Consulat : naissance de la France moderne

À son retour en France, Napoléon trouve une situation catastrophique : les conquêtes de la Révolution sont perdues, l'anarchie politique et la corruption règnent. Tous les espoirs se portent vers lui. Il décide alors de s'emparer du pouvoir lors du coup d'État du 18 brumaire – 9 novembre 1799 selon le calendrier républicain. Il prend le titre de Premier Consul et le nouveau régime est approuvé par plébiscite par une large majorité de la population française. Tout en préservant l'essentiel des acquis de 1789 (l'abolition des privilèges et l'égalité), Napoléon instaure la paix à l'extérieur, réconcilie tous les Français et jette les fondations d'une France moderne. La Révolution est terminée ! « Ni bonnet rouge, ni talon rouge », telle est la consigne du nouveau maître du pays qui veut construire une société loin des idées extrêmes de la Révolution, sans pour autant revenir à la monarchie.

Pour réformer la France, Napoléon travaille sans limites parfois jusqu'à dix-huit heures par jour. À 3 heures du matin, comme l'indique l'horloge, il est dans son cabinet de travail.

« *Citoyens, la Révolution est fixée aux principes qui l'ont commencée. Elle est finie.* » Napoléon

18 Brumaire !

Les républicains modérés aspirent à un nouveau pouvoir qui reprenne la situation bien en main. Sieyès, Talleyrand et Fouché songent à un militaire, héritier des valeurs de la Révolution. Ils trouvent leur candidat en la personne de Napoléon Bonaparte !

Lors du 18 Brumaire, le général Murat s'écrie : « *Foutez-moi tout ce monde-là dehors !* » Aussitôt les députés s'enfuient, pris de panique, les Cinq-Cents sautent par les fenêtres basses du château de Saint Cloud.

Une France en crise

La crise qui secoue le pays est à la fois économique, militaire et politique : les caisses sont vides, les impôts ne rentrent pas, les Français n'ont plus confiance en leur monnaie. La crise est aussi militaire. Depuis l'hiver précédent, la France est encerclée par les troupes de la seconde coalition. Elle a perdu l'Italie, ses possessions en Belgique et sur le Rhin sont menacées. Enfin, la crise est politique. Sieyès, l'un des directeurs, veut un renforcement du pouvoir exécutif, et pour cela il faut modifier la Constitution, ce qui ne peut se faire que par un coup de force parlementaire. Et pour ce faire, il a besoin d'un bras armé. À peine rentré d'Égypte, Bonaparte entre dans la conspiration : il sera cet homme providentiel.

Un coup d'État qui a failli échouer

L'opération est prévue pour le 18 brumaire, c'est-à-dire le 9 novembre 1799. À l'aube, ce jour-là, sous prétexte d'un complot royaliste, les deux assemblées sont exhortées d'aller siéger au château de Saint-Cloud. Là, elles refusent de modifier la Constitution comme on le leur demande. Bonaparte se présente devant elles et les harangue maladroitement. Peu habitué aux grands débats, accueilli aux cris *de « À bas le dictateur ! »,* il panique et s'embrouille dans son discours. C'est alors qu'il est bousculé, saisi au collet et doit être dégagé par ses grenadiers. Menacé d'arrestation, il est sauvé, *in extremis*, par l'intervention de son frère Lucien, président de l'Assemblée. Celui-ci joue alors un rôle capital en obtenant que Napoléon ne soit pas décrété hors-la-loi, puis il sort de la salle pour aller chercher l'aide de l'armée stationnée dans la cour. « *On a voulu tuer le général à coups de poignard* », crie-t-il et il somme les grenadiers de faire évacuer la salle. En quelques minutes, les tambours battent le pas de charge, le général Murat fait mettre baïonnette au canon des grenadiers et pénètre, avec eux, dans la salle en hurlant aux députés : « *Citoyens, vous êtes dissous !* » À la nuit tombée, une centaine de députés retrouvés dans le jardin finissent par voter la révision de la Constitution. Elle donne le pouvoir à trois consuls : Napoléon Bonaparte, Emmanuel-Joseph Sieyès et Roger Ducos. Le Directoire a cessé d'exister, vive le Consulat !

Dans le parc du château de Saint-Cloud, les députés des Cinq-Cents enjuponnés dans leur robe rouge sont hués par la foule. Le coup d'État militaire a permis d'écarter le danger d'un retour de la monarchie.

Napoléon aux Tuileries

Le pouvoir exécutif fort est incarné par un Premier Consul : Napoléon Bonaparte. Il prend la décision de s'installer au palais des Tuileries et occupe, au premier étage, les appartements de Louis XVI ; Joséphine, quant à elle, s'établit au rez-de-chaussée. Le 19 février 1800, son entrée officielle dans le château est l'occasion d'une grande parade de la garde consulaire et de tout l'état-major. Le Premier Consul passe en revue ses fameux grenadiers précédés des musiciens en costumes flamboyants. Quand ils passent devant lui, il incline respectueusement la tête et salue le drapeau bleu, blanc, rouge.

À califourchon sur une mule ?
Bonaparte n'a pas franchi les Alpes sur un cheval fougueux mais à dos de mulet, emmitouflé dans une redingote grise et coiffé d'un bicorne couvert de toile cirée. À un moment, alors qu'il traverse un sentier très escarpé dans le défilé de Sarreire, sa mule glisse sur une pierre. Heureusement pour lui, son guide Pierre-Nicolas Dorsaz, parvient à le rattraper d'une main ferme, sans quoi le Premier Consul aurait dégringolé dans un précipice… Le guide est récompensé pour avoir sauvé la vie de Napoléon et se voit remettre la somme de 1 200 francs !

Impossible n'est pas français !

Quand Bonaparte prend le pouvoir en novembre 1799, la France est en guerre contre la seconde coalition, et en particulier contre l'Autriche qui occupe une grande partie de l'Italie. Il y a urgence. Les Autrichiens attaquent en Allemagne et en Italie, où ils tentent d'envahir le Sud de la France. Napoléon, conscient de l'infériorité numérique de ses forces, réunit une armée de 55 000 hommes. Pour surprendre les Autrichiens sur leurs arrières, il décide de franchir les Alpes par le col du Grand-Saint-Bernard à 2 469 mètres d'altitude ! Pourtant, tous les habitants des montagnes déclarent que c'est impossible : là-haut, il y a plus de 3 mètres de neige et des sentiers à flanc de précipices. Depuis Hannibal le grand conquérant, nul général n'avait osé emprunter ces terribles chemins. N'écoutant que son courage, le 14 mai 1800, Napoléon commence l'ascension alors que les neiges ne sont pas encore fondues. Caisses de munitions, ravitaillements sont portés à dos d'homme ou de mulet. Chaque canon est démonté et hissé par 100 soldats à travers les chemins étroits et escarpés jusqu'au sommet. « *Le sentier était couvert de glace qui transperçait nos souliers* », explique un témoin. Enfin, le 20 mai, malgré un ciel couvert, après bien des obstacles, ils franchissent le sommet du col. Le retentissement de cet exploit considérable et l'effet psychologique sur les Autrichiens est formidable… Après quelques engagements mineurs, l'armée débouche dans la plaine du Pô et, le 2 juin, le Premier Consul entre dans Milan. Il y apprend la capitulation du général Masséna dans Gênes, ce qui contrarie ses plans initiaux. Il décide néanmoins de passer à l'offensive, en partant à la poursuite des Autrichiens. Le 9 juin, avec l'avant-garde, Lannes bouscule les Autrichiens à Montebello. Cinq jours plus tard a lieu la bataille décisive.

Quel exploit ! Napoléon réussit à faire passer une armée de 55 000 hommes et 100 canons à travers les Alpes, par le col du Grand-Saint-Bernard (2 469 mètres). Cette extraordinaire prouesse étonne encore de nos jours.

À 16 heures : la bataille est perdue ! Tenir, il faut tenir ! Napoléon affecte un grand calme, cependant, l'impression de cet instant se gravera à tout jamais dans sa mémoire.

Marengo : un drame shakespearien

Dans la crainte que l'armée autrichienne ne s'échappe et afin de lui couper ses arrières, le Premier Consul disperse ses propres forces et lance la division Desaix vers la ville de Novi. Quand, soudain, le 14 juin à 9 heures du matin, les Autrichiens passent à l'offensive dans la plaine de Marengo, à 100 kilomètres au sud de Milan. Bonaparte ignore qu'il a face à lui le gros de l'armée autrichienne : 30 000 hommes et plus de 100 canons. Il n'a sous la main que 22 000 hommes et 15 canons. Les Français, surpris, résistent comme ils peuvent, avec héroïsme. Après une suite de combats acharnés, mal pourvus en munitions, décimés, épuisés, ils reculent en bon ordre sur toutes leurs lignes. Les villages violemment disputés sont perdus les uns après les autres ; tous les corps engagés se retirent en ordre, stoïques, mettant trois heures à rétrograder de 5 kilomètres, mais laissant derrière eux une traînée de morts et de blessés, de débris et de sang. Napoléon fait alors sonner la Garde consulaire, 900 grenadiers formés en carré ralentissent l'avancée des Autrichiens. Mais, à 4 heures du soir, la bataille semble irrémédiablement perdue. Le général autrichien quitte le champ de bataille pour annoncer son éclatante victoire. Présomption fatale ! C'est alors le miracle : à l'instant précis où 8 000 grenadiers austro-hongrois cherchent à achever l'armée française et renversent tout sur leur passage, tel un sauveur, le général Desaix arrive à la tête de sa division et annonce : « *Une bataille est perdue, mais il n'est que 5 heures, et il est temps d'en gagner une autre.* » Dès 11 heures du matin, Napoléon lui avait écrit : « *Revenez, au nom de Dieu, si vous pouvez encore.* » Commence la véritable bataille… Immédiatement, le Premier Consul se porte sur la ligne de feu, harangue de paroles vibrantes les soldats qu'il voit défaillir : « *Soldats ! Rappelez-vous que j'ai l'habitude de coucher sur le champ de bataille.* » Comme un seul homme, l'armée se rallie, se reforme et se retourne contre l'ennemi. Desaix commande la charge de sa division et contre-attaque. Là, il reçoit une balle en plein milieu de la poitrine et tombe tel un brave au champ d'honneur. Cette action permet à l'aile droite de Lannes et à la Garde consulaire de se rétablir face aux assauts autrichiens. Le combat fait rage et, à 22 heures, la victoire est décisive. Elle ouvre à Napoléon la voie vers toute l'Italie et fait peser une menace directe sur l'Autriche. Le lendemain de la bataille, les Autrichiens font cesser les hostilités, et signent la convention d'Alexandrie. Le Premier Consul propose alors la paix et regagne Paris.

À 17 heures : Desaix arrive avec ses troupes fraîches de 6 000 hommes. Il jette un regard sur le champ de bataille, tire sa montre et, regardant l'heure, dit à Napoléon : « *La bataille est perdue, mais il n'est que 5 heures, et il est temps d'en gagner une autre…* »

L'homme de la paix et de la réconciliation

Acculés, les Autrichiens acceptent les négociations de paix, qui aboutissent à la signature du traité de Lunéville, le 9 février 1801. L'Europe continentale est désormais en paix. Quelques mois plus tard, en octobre 1801, l'Angleterre accepte les préliminaires de Londres, préalables à signature de la paix d'Amiens le 25 mars 1802. Napoléon peut dès lors se présenter comme l'homme de la paix.

Sur le plan intérieur, le Premier Consul se montre avant tout soucieux de réconcilier les Français entre eux. Il fait la paix avec les contre-révolutionnaires, permettant aux émigrés de revenir en France et allant jusqu'à leur octroyer des charges importantes dans le nouveau régime. Il signe un armistice avec les chefs vendéens et discute les conditions de leur reddition. Seuls quelques irréductibles comme Cadoudal refusent de déposer les armes. Enfin, Napoléon s'attache à régler la crise religieuse qui divise la France depuis dix ans. Le Concordat du 8 avril 1802 proclame la religion catholique « religion de la grande majorité des Français » et met fin à un véritable schisme entre la papauté et une Église nationale. En contrepartie, le gouvernement français conserve un droit de contrôle sur le clergé français qui doit lui jurer fidélité. Le retentissement de ce texte est énorme et vaut à Napoléon le soutien de la majorité des catholiques et des royalistes.

Le créateur de la France moderne

Dans un discours de 1800, Napoléon déclare qu'il trouve la société française trop éclatée, à l'image de « grains de sable ». Il se donne pour projet de l'unifier, de lui donner des fondements indestructibles en semant sur le sol de France des « masses de granit ». Dans chaque département, un préfet est nommé, chargé de faire appliquer la politique du gouvernement et de faire régner l'ordre. Chaque département est découpé en arrondissements, à la tête desquels se trouve un sous-préfet, puis en communes, dirigées par un maire. Napoléon fonde le Conseil d'État qui élabore les lois, redresse les finances en créant la Banque de France et une nouvelle monnaie, le franc germinal, très simple d'emploi et qui ne sera remplacé qu'en 1928. Il modernise la justice par la loi du 18 mars 1800 qui fonde un nouvel appareil judiciaire comprenant des tribunaux de première instance, des cours d'appel, la Cour de cassation, la fiscalité est réformée. Il est aussi à l'origine des lycées, des universités et de la Légion d'honneur qui récompense les meilleurs serviteurs de l'État. Enfin, en 1804, Bonaparte promulgue le Code civil, dernière « masse de granit », qui permet d'unifier le droit de tout le royaume.

Napoléon mène une politique de réconciliation de deux France que tout oppose et autorise le retour des nobles émigrés. Dans le grand escalier des Tuileries, c'est le choc de deux mondes inconciliables : nobles et jacobins se croisent et s'épient.

Le Premier Consul fait réaménager le quartier du Louvre et des Tuileries selon un plan défini par les architectes Percier et Fontaine. Il fait désengorger la rue Saint-Honoré, principal débouché vers l'ouest, et remplacer les rues étroites et tortueuses du faubourg par de larges avenues droites et aérées (12 mètres de large), garnies de trottoirs à arcades où le nombre des commerces est limité. Il ordonne ainsi le percement de la rue de Rivoli et d'une série de voies perpendiculaires (rues des Pyramides, de Castiglione).

L'état de grâce

Napoléon est devenu extrêmement populaire. L'immense majorité des Français se révèle en effet favorable au Consulat à vie : 3,5 millions sont pour, 8 374 contre. Le 2 août 1802, le Sénat suit les résultats du scrutin : « *Le peuple français le nomme et le Sénat proclame Napoléon Bonaparte, Premier Consul à vie.* » Napoléon fait l'objet d'une véritable reconnaissance nationale : son nom est gravé sur les pièces de monnaie ; sa date de naissance – le 15 août – est décrétée fête nationale. À la Malmaison, il vit les plus belles années de son existence, comme il le dira lui-même plus tard. Il a acquis cette vaste demeure située tout près de Rueil et baptisée la Malmaison le 21 avril 1799 et a confié aux architectes Percier et Fontaine le soin d'aménager ce domaine de 260 hectares. La Malmaison devient vite le lieu de résidence préféré du Premier Consul. Il s'y rend chaque fin de semaine, du samedi au lundi. Lorsque le temps le permet, Bonaparte et Joséphine organisent des déjeuners champêtres devant le château ou dans le parc. Parfois, il s'y joue des parties de barres ou de reversi ; on y danse aussi beaucoup. Le soir, les époux consulaires reçoivent à dîner toute la belle société de l'époque, soit plus d'une centaine de personnes.

À la Malmaison durant les beaux jours, Napoléon prend le temps de parler avec tous les soldats de son armée. Parfois, il les reconnaît et les appelle même par leur nom. Au cours d'un déjeuner, un grenadier lui apporte un courrier important. Il le dévisage et lui dit qu'il se nomme Joly, qu'il était en Égypte avec lui et qu'il s'est distingué à Aboukir. Le brave est sidéré… C'est ainsi qu'il gagne les cœurs des fameux grognards de sa Grande Armée.

Quand Napoléon institue l'ordre de la Légion d'honneur en 1802, les Parisiens simulent la décoration en affichant un œillet à leur boutonnière.

La rosette de la Légion d'honneur

Napoléon institue l'ordre de la Légion d'honneur en 1802. Cet ordre récompense les mérites des militaires et des civils qui, par leur savoir, leurs talents, ont rendu des services à la nation française. Respectueuse de l'égalité républicaine, elle pourra être accordée à chacun, quelles que soient sa condition, sa fortune ou sa religion. Plus qu'une décoration, c'est un ordre que le Premier Consul veut instituer pour faire émerger une nouvelle élite sociale et politique. La Légion d'honneur ne manque pas de provoquer de nombreuses critiques de la part de certains, craignant une reconstitution de la noblesse et l'assimilant à de vulgaires hochets. Napoléon leur rétorque : « *C'est avec des hochets que l'on mène les hommes.* »

Attentat à la bombe contre Bonaparte !

Malgré toutes ces réalisations, Bonaparte ne fait pas l'unanimité ! Huit mois après son installation au pouvoir, des personnalités civiles et militaires se rencontrent à Paris autour du chouan Cadoudal pour comploter contre lui. Un attentat à la bombe est alors échafaudé. Le soir de Noël, le 24 décembre 1800, quand le Premier Consul se rendra à l'opéra, un engin explosif l'attendra au passage de sa voiture, rue Saint-Nicaise.

Ce soir-là, Joséphine a pourtant du mal à convaincre son époux de l'accompagner à l'opéra : « *On y joue du Haydn,* La Création du monde*, c'est superbe, viens donc. Ces temps derniers, tu ne quittes plus ton bureau. Tu travailles beaucoup trop, il faut savoir se distraire aussi !* » Le Consul finit pour accepter. Au moment du départ, Joséphine a changé de châle. Le temps pour la camériste d'aller fouiller dans les armoires, et voilà le convoi officiel en retard... Un retard finalement heureux : rue Saint-Nicaise, une charrette de foin tenue en bride par une petite fille placée au milieu de la rue, gêne la circulation. Le cocher a la présence d'esprit de l'éviter et de lancer son attelage au grand galop. Presque au même moment, une terrible explosion retentit, et c'est un carnage. On dénombre une dizaine de morts et 56 blessés. Le Premier Consul échappe miraculeusement au guet-apens.

Un mois auparavant, Napoléon a déjà échappé à un terrible attentat jacobin. Il en profite pour frapper les opposants jacobins. Il fait établir une liste de 130 proscrits, dont 95 sont rapidement déportés. Mais Fouché, le ministre de la Police, démontre que l'attentat est l'œuvre des royalistes, dirigé par le comte d'Artois, frère de Louis XVI. Sa police a mené une remarquable enquête. À partir de la tête du cheval qui transportait la bombe et qui a été retrouvé sur les lieux, les enquêteurs ont visité les maquignons de la capitale et finissent par débusquer les acheteurs de l'animal.

Ces attentats posent la question de la succession de Napoléon, désormais à la merci d'un assassinat, puisque détesté des royalistes autant que des jacobins. Joséphine s'interroge sur la réaction de son mari : il va, plus que jamais, vouloir un héritier... De son côté, lui s'inquiète que Joséphine ne tombe pas enceinte. Serait-elle devenue stérile ?

Rue Saint-Nicaise, Napoléon échappe miraculeusement à un terrible attentat. L'explosion est telle qu'elle fauche une dizaine de passants, soufflant les pavés de la chaussée et ravageant les façades d'une dizaine de maisons aux alentours. Le choc fait éclater la vitre de la portière de la berline du Premier Consul.

Napoléon sur le pied de guerre

Cependant, Napoléon a des motifs de colère : l'Angleterre n'a toujours pas rempli une seule clause du traité d'Amiens. Elle veut que le Premier Consul renonce aux conquêtes de la Révolution et rende la Belgique occupée depuis 1792. Elle refuse d'admettre que la France puisse dominer le continent. Enfin, l'Angleterre accueille, protège et finance sur son sol les conspirateurs royalistes, tels le comte d'Artois et Cadoudal. C'est elle qui va porter la principale responsabilité dans la rupture de la paix. Le 1er mai 1803, Londres lance un premier ultimatum : la Hollande doit être évacuée. Le 16 mai, l'Angleterre fait saisir les navires français. Le 20, Bonaparte annonce : « *Les négociations sont interrompues et nous sommes prêts à combattre si nous sommes attaqués.* » Trois jours plus tard, Londres déclare la guerre à la France.

Au camp de Boulogne, sans cesse Napoléon tourne les yeux vers l'Angleterre.

Un débarquement en Angleterre

Le Premier Consul lance les préparatifs d'un débarquement sur les côtes anglaises. Il fait masser une armée, la future Grande Armée, le long des côtes de la Manche. Puis il organise la construction d'une série de camps, notamment à Boulogne, qui devront bientôt accueillir 130 000 hommes et 3 000 pièces d'artillerie. Le 24 juin, il part inspecter lui-même les côtes jusqu'en Belgique sous les acclamations de la foule. À Boulogne, il contrôle la rade, visite le camp. Napoléon surveille la construction d'une nouvelle flotte car il sait que la marine française n'est pas de taille à affronter la puissante *Royal Navy.* Elle se limite alors à une cinquantaine de navires, alors que son adversaire peut aligner cent quatre-vingt-neuf vaisseaux de ligne.

L'Empire est proclamé

Pendant ce temps, l'opposition royaliste ne désarme pas. Un nouveau complot élaboré par le chef chouan Cadoudal est bientôt découvert et le nom du petit-fils du prince de Condé, duc d'Enghien, réfugié en pays de Bade, est prononcé. Soucieux de réduire à néant les royalistes et de rassurer les révolutionnaires, Napoléon Bonaparte décide alors de frapper un grand coup en ordonnant l'exécution du duc le 21 mars 1804. Le moment est enfin venu pour lui de donner libre cours à toute son ambition. Fouché lui déclare : « *L'hérédité écarterait les assassinats, puisque l'assassinat serait impuissant à amener un changement dans la forme du gouvernement !* » Afin de montrer qu'aucun retour en arrière n'est possible, le Premier Consul imagine l'Empire et le sénatus-consulte du 18 mai 1804 confie le gouvernement de la république « *à un empereur qui prend le titre d'Empereur des Français* ». Le peuple, par plébiscite, accepte le nouveau régime par 3 572 329 « oui » contre 2 569 « non ». En choisissant le titre d'Empereur, rappelant celui des empereurs romains, Napoléon veut marquer sa rupture avec les rois de France. Il entend inaugurer un nouveau type de monarchie moderne, alliant les références au passé romain et l'adhésion aux principes de 1789, réaffirmés dans un serment solennel. Le nouvel empereur garantit la destruction de l'ancienne société féodale et d'un ordre fondé sur la naissance. Il symbolise l'émergence des valeurs nouvelles incarnées par le mérite et l'action individuelle.

Une gigantesque cérémonie en plein air est organisée le 16 août 1804 au camp de Boulogne devant toute l'armée rassemblée pour l'invasion de l'Angleterre. 100 000 hommes sont présents. Le symbole est d'autant plus fort qu'il s'agit d'impressionner l'adversaire et d'entretenir le moral des soldats. Au centre, un tertre surmonté des drapeaux pris à l'ennemi domine la plaine. L'Empereur, accueilli par un enthousiasme frénétique, étend la main dans un silence absolu et prononce la formule du serment : « *Vous, soldats jurez-vous de défendre au péril de votre vie, l'honneur du nom français, votre patrie, votre Empereur ?* »
Et 100 000 hommes, d'une seule voix, répondent dans un fracas formidable : « *Nous le jurons ! Vive l'Empereuuuuuuuuur !* »

L'organisation du sacre est confiée à Ségur, grand maître des cérémonies, assisté du premier chambellan, Rémusat. Percier et Fontaine réalisent les décors, faisant de l'intérieur gothique un véritable temple romain, tandis que le grand peintre Isabey prend en charge les habits et les poupées costumées destinées aux répétitions. Devant Joséphine et les dames du palais, Isabey apporte ses figurines et les fait manœuvrer sur un plan de Notre-Dame pour une dernière répétition générale de la cérémonie du sacre. Par ailleurs, le sceptre et la couronne de Charlemagne sont restaurés ou copiés pour l'occasion. Enfin, l'acteur le plus populaire de son temps, Joseph Talma, donne des cours de maintien à Napoléon pour qu'il ait une démarche plus solennelle.

2 décembre 1804 Le sacre de l'Empereur des Français

Napoléon Bonaparte, général d'origine corse de seulement 35 ans, est sacré empereur des Français dans la cathédrale Notre-Dame de Paris le 2 décembre 1804. Aux yeux de l'opinion publique, la cérémonie religieuse célébrée dans la plus prestigieuse église de France revêt une dimension supérieure et frappe les esprits de l'époque. Napoléon possède au plus haut point le génie de la mise en scène et de la propagande, en cela, le sacre est son chef-d'œuvre. Le nouvel empereur ne se contente pas d'une ratification de son titre par le peuple, il fait venir le pape Pie VII en personne afin de recevoir l'onction sainte qui légitime son pouvoir. Le sacre apparaît comme une captation de légitimité nécessaire à Napoléon pour imposer son autorité et empêcher à tout jamais le retour de l'ancienne dynastie capétienne. En ressuscitant l'empire glorieux de Charlemagne, il lance un défi aux monarchies qui menacent la Révolution française. Mais ne nous méprenons pas, il se couronne empereur lui-même et veut démontrer qu'il ne tient pas son pouvoir de Dieu, mais directement du peuple. Enfin, Napoléon Ier entend bien rappeler qu'il ne doit sa couronne qu'à lui-même et à son seul mérite…

« Je ne tiens pas la couronne de mes pères, mais de la volonté de la nation qui me l'a donnée. »
Napoléon

« Joseph, si notre père nous voyait ! »

Le 2 décembre, dès 7 heures du matin, les 20 000 invités de la cérémonie remplissent la cathédrale Notre-Dame de Paris. D'abord, les fidèles maréchaux, suivis des hauts dignitaires du régime, les ambassadeurs étrangers et tous les préfets, les magistrats et autres sénateurs. Tout autour d'eux se tiennent les huissiers chamarrés, les hérauts d'armes et les pages rutilants dans leur livrée verte et or. Le pape arrive à son tour, acclamé par une foule de près de 500 000 Parisiens. Le froid est glacial, toutefois le soleil poindra vers midi. Le pape patiente jusqu'à l'arrivée de l'Empereur et de l'impératrice, à 12 heures. À l'entrée de l'église, deux chanoines, tenant haut un dais de drap d'or au-dessus des souverains, les conduisent jusqu'à leur place respective, dans le chœur. Le couple impérial est alors conduit au pied de l'autel. Passant devant son frère, l'Empereur se serait exclamé : « *Joseph, si notre père nous voyait !* » Napoléon est revêtu d'un manteau de velours pourpre brodé d'or, une robe de satin blanc et coiffé d'une couronne de lauriers. Il ressemble à une médaille antique. D'une pâleur extrême, il est véritablement ému et l'expression de son regard paraît sévère et un peu troublé. Le couple impérial prend place dans le chœur de l'église tandis que Pie VII, devant l'autel, entonne le *Veni Creator*. La musique commence enfin, interprétée par deux orchestres : la messe et le *Te Deum*, composé tout exprès par Paisiello, et où Lesueur a intercalé des morceaux de sa composition. Que de musique ! On a copié et on exécute 17 738 pages de musique !

L'Empereur s'avance, tenant le sceptre et la main de justice, drapé à l'antique dans son manteau porté par deux princes et deux grands dignitaires en leur costume à l'espagnole, contrastant fâcheusement avec la tenue de César romain. Tout autour les grands officiers de la Couronne, les maréchaux, les ministres, les colonels-généraux de la Garde, les grands officiers de l'Empire sont aux premiers rangs. Non loin de lui, des personnages portent altièrement les attributs du pouvoir : le fidèle maréchal Berthier tient le globe terrestre, Talleyrand, le grand chambellan de l'Empire, la corbeille du manteau, à sa droite, Eugène de Beauharnais en tenue de lieutenant-colonel des chasseurs à cheval de la Garde porte l'anneau de l'Empereur.

Le *Veni Creator* achevé, viennent des oraisons, la cérémonie de la remise des ornements impériaux, puis le souverain pontife prononce un sermon sur l'Évangile. Après cela, Pie VII fait une triple onction avec le saint chrême sur le front et les paumes de Napoléon et de Joséphine. Il bénit les couronnes, l'épée, les manteaux et les anneaux restés sur l'autel.

L'Empereur en costume de sacre parsemé d'abeilles d'or avance sur un tapis vert empire constellé aussi d'abeilles d'or. La cérémonie du sacre du 2 décembre 1804 marque aux yeux de tous la véritable naissance de l'Empire.

Au fond à droite, trois maréchaux tout empanachés portent les symboles de l'impératrice Joséphine : Murat, la couronne creusant le coussin de velours qu'il s'efforce de garder en équilibre ; Moncey, la corbeille du manteau ; Sérurier, l'anneau sur un coussin de velours cramoisi ; plus loin et pas représenté sur cette illustration, Kellermann porte la couronne de Charlemagne, Lefebvre l'épée, Bernadotte le collier et Pérignon le sceptre.

L'instant sacré

Napoléon confie son sceptre et sa main de justice aux cinq doigts levés, conçus par l'orfèvre Biennais, à ses fidèles puis monte vivement à l'autel pour prendre la couronne de lauriers d'or, se tourne vers l'assistance et, solennellement, s'en couronne lui-même. L'impératrice vêtue de blanc et d'argent s'avance, s'agenouillant à peine, nuque haute, regard modeste, elle rayonne de bonheur et de dignité. Napoléon saisit la tiare de Joséphine, la pose un instant sur sa tête avant d'en ceindre l'impératrice restée à genoux au pied de l'autel. Enfin, les deux époux rejoignent leur trône et s'y asseyent pour la première fois avec une troublante sensation de naturel. À ce moment, un mouvement général d'admiration remplit la cathédrale. Après le baiser papal donné à Napoléon, le pape se tourne vers l'assemblée et dit à haute voix : « *Vivat imperator in aeternum !* » Napoléon et Joséphine titubent d'émotion. Marie-Josèphe-Rose de La Pagerie doit certainement repenser après toutes ces longues années mouvementées à la prédiction de la voyante créole. Hier encore, dans la chambre de l'Empereur, lors d'un ultime essayage du manteau de cour, Hortense, pétrie d'admiration, a rappelé à sa mère qu'aucune reine de France ne fut jamais sacrée. Joséphine est la première à bénéficier d'un tel honneur.

La couronne impériale est composée de diamants avec huit branches d'or en feuille de palmier et de myrte étincelantes et d'autant d'émeraudes encerclant le socle qui supporte un globe et une croix.

Le serment républicain

Malgré la lourdeur de son manteau en velours de soie amarante, parsemé d'abeilles d'or relevées en bosse et entourées de mille autres broderies figurant lauriers, épis de blé, soleil, l'Empereur sait rester digne. Enfin, à l'issue de la cérémonie, il prend la parole pour prêter serment et « *jure de maintenir l'intégrité du territoire de la république, de respecter et de faire respecter les lois du Concordat et la liberté des cultes et de gouverner dans le seul intérêt des Français* ». Le chef des hérauts d'armes proclame alors : « *Le très glorieux et très auguste Empereur des Français est couronné et intronisé. Vive l'Empereur !* » La foule des 20 000 spectateurs reprend en hurlant un impressionnant « *Vive l'Empereur !* » C'est bien aux principes de 1789 que le nouveau souverain vient de prêter serment. Et en prenant la couronne des mains du pape, Napoléon a manifesté son indépendance à l'égard de la papauté. Le naturel du geste a donné l'impression qu'il était spontané. C'est là tout le talent de mise en scène et le jeu d'acteur du nouvel empereur. La cérémonie a duré trois heures et demie. Le cortège passe sous des vivats exaltés. Dehors, dans ce Paris enneigé, cent un coups de canon retentissent… Il est 15 heures. Trois jours de fête sont prévus.

Fêtes et bals de la cour impériale

La haute société impériale aime se divertir lors de fêtes et de grands bals. Princes, ministres, maréchaux, préfets et courtisanes se retrouvent dans les nombreux salons qu'offre la capitale. Les réceptions les plus célèbres ont lieu chez les Murat ou chez le prince de Talleyrand. Très lié à Napoléon et devenu son bras droit sur les champs de bataille, le beau Joachim Murat a su faire tourner la tête à sa plus jeune sœur : Caroline Bonaparte. Il l'épouse le 20 janvier 1800 et devient le beau-frère du futur empereur. Aussi séduisants, fantasques et ambitieux l'un que l'autre, ils forment un couple détonnant, aimant le luxe et l'apparat. Ils achètent un magnifique hôtel particulier qu'ils transforment à leur image en entamant des travaux spectaculaires. Ils en font une des plus luxueuses demeures princières de Paris et l'hôtel prend alors le nom de palais de l'Élysée. Ils y reçoivent fréquemment une foule de courtisans, souvent plus de deux cents. Les invités apprécient le bon goût de Caroline et les tenues chamarrées du maître de maison. De grands bals sont régulièrement organisés dans le palais et Napoléon assiste en personne

à ceux du vendredi. Parfois, il apprécie d'y venir incognito, secrètement déguisé. Ces fêtes regroupent une nuée hétéroclite d'officiers, de sénateurs, d'anciens émigrés royalistes, de conseillers d'État ambitieux et d'anciennes maîtresses de l'exubérant cavalier. Lors d'un grand bal dans les jardins du palais où les princesses d'empire sont déguisées en Tyroliennes, Caroline Bonaparte humilie publiquement l'une d'elles, ancienne maîtresse de son époux.

L'Empire proclamé, Caroline obtient le titre d'altesse impériale, Murat est nommé maréchal, grand amiral et prince de l'Empire, grand aigle de la Légion d'honneur. La cour impériale est très bigarrée et ne manque pas de piquant. Le cœur en est formé par la famille Bonaparte, étendue aux conjoints et à leurs enfants. Autour viennent se greffer les maréchaux, tels Murat ou Augereau ; respectivement fils d'aubergiste et de domestique, ils ont su garder les manières franches et brutales de l'armée et qui n'ont rien à voir avec l'ancien « ton de Versailles ». Quant aux épouses des maréchaux, elles sont pour la plupart joyeuses, maladroites et plus libérées. Ancienne blanchisseuse de la rue Poissonnière, la maréchale Lefebvre, la célèbre « Madame Sans-Gêne », fait souvent rougir Joséphine avec son franc-parler et sa maladresse à marcher sur les parquets des Tuileries. Napoléon tient aussi à intégrer à la cour impériale des familles de la noblesse d'Ancien Régime. Cette « fusion » doit servir à policer un peu les mœurs de la Cour et à rallier une partie des royalistes au régime.

Les symboles de l'Empire
Quel animal figurera sur le sceau impérial : un lion, un coq, un éléphant ou une abeille ? Le Conseil d'État chargé de cette question est partagé. Certains préfèrent l'éléphant, qui évoque la puissance et la noblesse. Cambacérès penche pour l'abeille d'or, qui représente le labeur. D'autres sont favorables au coq, emblème de la Gaule antique. Napoléon Ier juge que cet animal de basse-cour est ridicule. Il hésite entre l'aigle, l'éléphant et le lion avec un net penchant pour ce dernier. Finalement, Napoléon se décide pour un « aigle déployé », à la fois symbole de la Rome impériale et de l'Empire carolingien. On le prévient que cet animal figure sur les armes de la Prusse et de l'Autriche. Qu'importe ! Il retiendra aussi l'abeille d'or pour les documents officiels.

Dès 1804, Napoléon procède à la distribution des titres et des honneurs. Murat et sa femme Caroline Bonaparte donnent une fête au palais de l'Élysée. Le beau cavalier aime y parader dans des tenues d'apparat des plus étonnantes.

1805-1809
À la conquête de l'Europe

Pour les souverains britannique, russe, prussien et autrichien, la France impériale et ses idées révolutionnaires représentent une terrible menace. Les monarques européens et leurs régimes féodaux ne peuvent accepter que la « Grande Nation » domine le continent. L'Europe entière s'unit pour lui déclarer la guerre. De 1805 à 1809, Napoléon va remporter une incroyable suite de victoires : plus de quarante ! Aucun chef de guerre ne compte autant de victoires, même si l'on additionne celles d'Alexandre le Grand, Hannibal et César. C'est l'époque des triomphes d'Ulm, Iéna, Auerstedt, Friedland, Wagram. Mais la plus belle, la plus décisive de toutes, face aux armées alliées de l'empereur François II d'Autriche et du tsar Alexandre Ier, reste Austerlitz. Cette bataille est considérée par les historiens mondiaux comme une des plus grandes victoires de l'art militaire… Un an jour pour jour après le sacre, Napoléon triomphe et son hégémonie s'accroît. Cette date du 2 décembre va désormais symboliser l'Empire ; elle est commémorée comme une fête nationale. Avec Austerlitz, suivie du traité de Presbourg, Napoléon commence à imposer sa loi aux autres nations. L'Empire français s'étend, comme jadis l'Empire romain ; il s'élargit aux dimensions de l'Europe, ce qui oblige l'Empereur à envisager de nouveaux modes de gouvernement. Après avoir prolongé le système des républiques sœurs élaboré à l'époque de la Révolution, il prend en main la direction des pays vassaux (royaume de Naples, États allemands) par l'intermédiaire de ses proches, avec des succès divers selon les personnes nommées. Surtout, il est entré dans un cycle de conquêtes qui paraît sans fin : après l'Autriche, la Prusse, le royaume de Naples, la Russie sont vaincues. Seule l'Angleterre résiste encore au rouleau compresseur français.

« Soldats, je suis content de vous
[…] *Il vous suffira de dire :*
"J'étais à Austerlitz"
pour que l'on vous réponde :
"Voilà un brave"… »

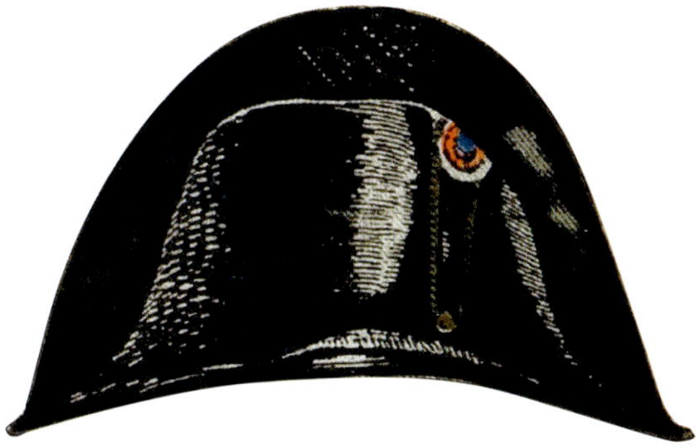

Le soleil d'Austerlitz

Dès les premiers mois de l'année, Napoléon sent se dresser contre lui un front européen. En janvier 1805, l'empereur d'Autriche, François II, ordonne la mobilisation de soldats le long des frontières occidentales de son empire. Un des plus fervents partisans d'une troisième coalition européenne est le Premier Ministre anglais, William Pitt. Le 11 avril, il signe un traité d'alliance avec le tsar et n'hésite pas à proposer d'énormes subsides en argent aux autres États européens. La Suède de Gustave IV rejoint le front européen en octobre, est suivie, un mois plus tard, par le royaume de Naples. Quant à Frédéric-Guillaume III de Prusse, il promet sa neutralité à Napoléon, mais au premier prétexte, il s'empresse de la rompre pour rejoindre la coalition. L'Empereur, en face de l'Europe en armes, ne se trouble pas. Fort du dévouement et de la confiance de tout un peuple rangé derrière lui, il demande la paix selon son habitude tout en se préparant aussi à la guerre. Dans une lettre au souverain anglais George III, Napoléon s'explique : « *Je n'attache aucun déshonneur à faire le premier pas de la paix.* [...] *J'ai assez prouvé au monde que je ne redoute aucune des chances de la guerre. Le monde est assez grand pour que nos deux nations puissent y vivre.* » Ses propositions restent sans succès. De 1792 à 1815, la « perfide Albion » financera les sept coalitions qui déclareront la guerre à la France.

Le magnifique soleil qui se lève quelques heures après le début de la bataille et dont Job représente les innombrables rayons, révèle au tsar Alexandre Ier et à François II d'Autriche l'ampleur de leur défaite. En quelques heures, avec seulement 78 000 hommes, Napoléon écrase près de 100 000 Austro-Russes. Le vainqueur à la redingote grise contemple le fameux « soleil d'Austerlitz » dont la venue inattendue en ce jour d'hiver marque les esprits et renforce le caractère exceptionnel de cette victoire.

1805 : la plus brillante campagne militaire

Au début de l'été 1805, les dernières nouvelles sont inquiétantes pour Napoléon : la Russie a massé ses troupes le long de la frontière polonaise ; les armées autrichiennes sont sur le point d'envahir la Bavière. Le 15 août, l'Empereur prend sans hésiter sa décision : il fait lever le camp de Boulogne et dirige sa Grande Armée vers l'Allemagne, où se décidera le sort de la guerre. À nouveau, il joue son destin sur un coup de dé. Napoléon convoque l'intendant général de la Grande Armée, Pierre Daru, pour lui donner ses ordres. En quelques heures, il lui dicte un plan d'une précision inouïe, d'une complexité effarante et d'une audace géniale. Dans ces quelques lignes griffonnées à la hâte figure déjà l'intégralité de la campagne contre l'Autriche : « *Je lève mes camps et, au 23 septembre, j'entre avec 180 000 hommes en Allemagne et je marche sur Vienne. Il s'agit de gagner vingt jours et d'empêcher les Autrichiens de passer l'Inn pendant que je passerai le Rhin* […] *Ils ne s'attendent pas avec quelle rapidité je ferai pirouetter mes 180 000 hommes.* » L'idée de génie de Napoléon est d'arriver dans la capitale autrichienne avant que les Russes puissent intervenir avec le gros de leur force. Le 29 août, il ordonne le départ des premiers détachements pour l'Allemagne.

La Grand Armée, partagée en sept corps placés sous les ordres de Davout, Ney, Soult, Lannes, Augereau, Marmont et Bernadotte, passe le Rhin durant le mois de septembre 1805. La réserve de cavalerie est commandée par le maréchal Murat, lieutenant général de l'Empereur, lequel a le pouvoir de commander l'armée en son absence – on n'est pas beau-frère de l'Empereur pour rien… Le 1er octobre suivant, l'Empereur le rejoint.

Le 1er octobre 1805, Napoléon et sa garde franchissent le Rhin à Kehl malgré la pluie incessante et reçoivent l'hommage de l'Électeur de Bade.

Une des victoires les plus réussies est celle d'Ulm, où l'Empereur remporte la bataille avec très peu de pertes humaines, uniquement en manœuvrant et en encerclant les Autrichiens.

Ulm : la victoire parfaite

La stratégie napoléonienne impose des marches longues et rapides pour surprendre l'ennemi, parfois jusqu'à 60 kilomètres par jour. Les hommes de troupe écrivent d'ailleurs : « *L'Empereur fait la guerre avec nos jambes. Quand on arriva, à 10 heures du soir dans un village, j'étais si fatigué, que je ne pus ni manger, ni dormir.* »

Tout s'accomplit selon les prévisions du grand capitaine : dès le début de la campagne, l'armée autrichienne voit ses communications coupées par les Français. Son but, c'est Vienne, la capitale, mais plutôt que de s'y rendre directement, en traversant la Forêt-Noire, Napoléon préfère opérer un contournement par le nord qui déstabilise les armées autrichiennes, commandées par le général Mack. Celui-ci, en effet, attend les Français à Ulm, au confluent du Danube et de l'Iller, pensant qu'ils arriveront par l'ouest. Mais le mouvement opéré par Napoléon encercle les Autrichiens par l'est, ils sont pris au piège. Le 14 octobre, le maréchal Ney, à la tête d'une seule division, remporte un brillant succès sur les hauteurs d'Elchingen. À la tête de ses hommes, il s'élance sur un pont à demi détruit sous une grêle de balles et de mitraille et force le passage. Plus tard, Michel Ney sera fait duc d'Elchingen en récompense de ce haut fait. Pris en étau, l'armée adverse du général Mack doit capituler dans la ville d'Ulm, le 20 octobre 1805 ; les Autrichiens y laissent 25 000 hommes, 65 canons, 27 généraux et 40 drapeaux. Les Français… 500 morts. Grâce uniquement à ses habiles manœuvres, Napoléon a vaincu le gros des troupes ennemies ! Lors d'une cérémonie impressionnante, l'Empereur et son état-major s'installent sur une petite montagne qui domine toute la vallée. L'armée autrichienne en grande tenue s'avance en bon ordre et dépose les armes en un immense tas. Le défilé semble ne devoir jamais s'arrêter ; 25 000 hommes passent ainsi sous de nouvelles fourches caudines. La route de Vienne est grande ouverte. Cependant, les ponts du Danube qui mènent à Vienne doivent être brûlés dès l'approche des Français. Avec une audace incroyable, Murat et Lannes parviennent à s'en emparer. Arrivés seuls sur le pont principal en criant qu'un armistice a été signé, ils racontent à l'officier de service une belle gasconnade – ils sont tous deux du Sud-Ouest – et prennent le pont sans tirer un seul coup de feu !

Le 14 novembre, les clés de Vienne sont remises à Napoléon et, le 15, les armées françaises entrent dans la ville qui avait par deux fois résisté à l'assaut des Turcs.

Au lieu d'attaquer en Bavière de front, en traversant la Forêt-Noire, Napoléon choisit le contournement par le nord. À Elchingen le 14 octobre 1805, il donne son manteau à un soldat blessé. L'Empereur manifeste souvent sa compassion à l'égard de ses hommes par un geste, une parole, un mot de réconfort ou d'encouragement.

Durant la bataille d'Austerlitz, les maréchaux Murat et Berthier supplient l'Empereur, qui, fidèle à son habitude, s'approche du cœur des combats, de s'éloigner du champ de bataille.

La bataille des trois empereurs

Mais Napoléon doit encore vaincre l'armée russe commandée par Koutouzov qui arrive par l'est. La vitesse d'exécution est impérative. Il pousse les forces russes grossies par les restes de l'armée autrichienne au combat le 2 décembre 1805. L'Empereur aligne 72 000 hommes ; face à lui, près de 90 000 Austro-Russes, qui ont donc la supériorité numérique. Après de savantes manœuvres pour amener l'ennemi sur les lieux où il a décidé de combattre, Napoléon le rencontre, dans la plaine d'Austerlitz. Grâce à une habile stratégie, Napoléon choisit son terrain et attire les Austro-Russes dans le piège fatal qu'il leur a tendu. Il leur laisse croire qu'il craint de les affronter car son armée serait épuisée et dégarnit son aile droite pour les inciter à l'attaquer sur ce flanc apparemment affaibli. La bataille en présence des trois empereurs peut enfin commencer. Dès la nuit, le gros des troupes austro-russes quitte le plateau du Pratzen, près du village d'Austerlitz qu'elles occupaient. À 7 heures, Napoléon fait monter ses troupes à l'assaut et attaque le centre russe sur les hauteurs. L'ébranlement de toute la Grande Armée en ordre de bataille a quelque chose de saisissant. Elle marche comme à la manœuvre, en s'arrêtant parfois pour serrer les rangs à mesure que les hommes tombent. On entend les commandements des officiers. Les tambours battent la charge à rompre les caisses ; tambours et musique se mêlent. En guise d'accompagnement, les soldats se mettent à chanter un air à entraîner un paralytique !

On va leur percer le flan,
Ran, ran, ran, ran, tan plan tire lire.
On va leur percer le flanc,
Que nous allons rire.
Ran tan plan tire lire, Que nous allons rire.

Vers 16 heures, l'armée ennemie est coupée en deux, les Russes fuient sur tout le front. Ils cherchent vainement leur salut sur la surface gelée des étangs au sud du champ de bataille. Mais, bombardée par l'artillerie de la Garde, la glace se brise et ils sont faits prisonniers. Les combats ont été rapides et relativement peu coûteux en vies humaines. Les pertes françaises s'élèvent à 1 300 tués et 6 700 blessés, alors que les pertes austro-russes sont de 30 000 hommes, dont 7 000 tués et 20 000 prisonniers ; 183 pièces d'artillerie et 50 drapeaux ont été abandonnés. La victoire est totale, décisive, absolue.

À Austerlitz, un ciel bleu et serein se déploie à partir de midi et le disque du soleil flotte comme une énorme bouée d'un rouge écarlate, à la surface de cette mer de lait. L'Empereur se tient un peu en avant de ses maréchaux, monté sur un petit cheval arabe gris et revêtu de la capote gris-bleu avec laquelle il avait fait la campagne d'Italie. Murat aide à couper l'armée de Koutouzov en deux.

Débâcle chez les Russes

Napoléon, arrivé sur les pentes du plateau de Pratzen, du côté des étangs, aperçoit le désastre qu'il a si bien planifié. Il donne l'ordre à une batterie de la Garde impériale de tirer des boulets sur la glace qui recouvre ces étangs et achève la déroute des Russes. La glace, affaiblie par la chaleur d'une belle journée, offre un asile aux fuyards qui s'y retirent en foule. Mais elle ne peut résister aux boulets de canon ni au poids des hommes et des chevaux, et finit par céder. Plusieurs dizaines de soldats trouvent la mort sous cette glace brisée. L'Empereur fait ensuite cesser le feu et ordonne à sa Garde de sauver les soldats russes de la noyade. À l'aide de perches et de fusils qu'ils leur tendent depuis le rivage, les Français parviennent à sortir de l'eau de nombreux Russes. Telle était, à cette époque, les lois de la guerre et les règles du respect de l'adversaire.

La paix avec l'Autriche

Après la victoire d'Austerlitz, Napoléon s'installe à Schönbrunn, résidence de l'empereur d'Autriche. Il remet 50 drapeaux enlevés à l'ennemi aux maires de Paris. Ils iront tout d'abord orner Notre-Dame, puis seront placés dans la voûte de l'église Saint-Louis des Invalides. Le bronze des 183 canons pris à l'ennemi sera employé pour fondre la colonne Vendôme, à Paris. C'est dans le palais de Schönbrunn qu'est signé le traité de paix entre la France et l'Autriche. Celle-ci doit abandonner à Napoléon la Vénétie ainsi que ses dépendances d'Istrie et de Dalmatie. En outre, l'Autriche perd ses territoires allemands au profit de la Bavière et du Wurtemberg ; au total, 4 millions d'habitants, soit un sixième de sa population doit payer une indemnité de guerre de 40 millions de francs à la France. La victoire d'Austerlitz marque une étape décisive dans la construction de l'Europe napoléonienne. Non seulement, elle introduit de plain-pied Napoléon dans les affaires allemandes : la Bavière, le Wurtemberg et le Bade sont totalement libérés des liens qui les attachaient jusqu'alors à l'Empire autrichien, et forment ensemble le noyau de la future Confédération du Rhin. Le vénérable Saint-Empire romain germanique qui existe depuis 962 commence à s'effondrer sans bruit. Mais aussi, cette victoire lui permet de parachever la conquête de l'Italie, avec la prise du royaume de Naples.

En Angleterre, à la nouvelle du désastre, le vieux Premier Ministre William Pitt, malade, demande un cognac et la carte d'Europe : « *Roulez-la*, dit-il peu après, *elle ne servira plus pendant dix ans.* » Et sur ces paroles, il meurt…

« Soldats je suis content de vous… »
Proclamation de l'Empereur lue par un officier aux soldats de la Grande Armée : « *Soldats ! Je suis content de vous. Vous avez, à la journée d'Austerlitz, décoré vos aigles d'une gloire immortelle. Une armée de 100 000 hommes, commandée par les empereurs de Russie et d'Autriche, a été, en moins de quatre heures, ou coupée ou dispersée. 40 drapeaux, les étendards de la garde impériale de Russie, 120 pièces de canon, 20 généraux, plus de 30 000 prisonniers, sont le résultat de cette journée à jamais célèbre. Soldats, lorsque tout ce qui est nécessaire pour assurer le bonheur et la prospérité de notre patrie sera accompli, je vous ramènerai en France ; là vous serez l'objet de mes plus tendres sollicitudes. Mon peuple vous reverra avec joie, et il vous suffira de dire : "J'étais à la bataille d'Austerlitz", pour que l'on réponde : "Voilà un brave !"* »
Pendant des générations, les écoliers de France apprendront des passages de la plus célèbre des proclamations de la Grande Armée. Elle était même au programme des dictées données aux classes de 6e. Aujourd'hui, contrairement à ce que laisse penser l'*intelligentsia*, nous ne devons pas avoir honte de cette glorieuse page de l'histoire de France dont nous devons à tout prix conserver le souvenir.

1806 : une campagne foudroyante

Le 7 octobre 1806, Napoléon reçoit un ultimatum de la Prusse l'invitant à se retirer d'Allemagne. Le lendemain, il fait lire aux soldats une nouvelle proclamation : « *Soldats ! L'ordre de votre rentrée en France était déjà donné, des fêtes triomphales vous attendaient. Mais des cris de guerre se sont fait entendre à Berlin. Nous sommes provoqués par une audace qui demande vengeance.* » La Grande Armée, tel un torrent submergeant la région à une vitesse vertigineuse, fond sur la Prusse. Arrivée en Saxe, l'avant-garde, sous les ordres du maréchal Lannes, écrase un corps d'armé prussien de 8 500 hommes à Saalfeld le 10 octobre. Le prince Louis-Ferdinand de Prusse trouve la mort dans ce premier engagement de la campagne. Eu égard à son rang et à sa vaillance, le maréchal Lannes lui fait rendre les honneurs militaires. Comme l'année précédente, c'est à la rapidité des mouvements que la Grande Armée doit ses premiers succès. L'Empereur n'est pas le moins pressé. Un témoin raconte : « *J'aperçois une nombreuse cavalcade qui s'avançait à grande allure ; je me range, c'était l'Empereur qui arrivait. Une pauvre paysanne, qui était un peu en arrière de moi, ne s'étant pas détournée à temps, est renversée par le cheval que montait Napoléon ; celui-ci s'arrête tout court, fait un geste de regret et de compassion expressif, ordonne de relever cette femme, s'assure qu'elle n'a pas de mal, lui adresse quelques paroles par l'intermédiaire de quelqu'un de sa suite, l'indemnise généreusement et continue son chemin.* » Pressé, mais humain…

La Grande Armée continue sa marche en direction de Berlin, vers la ville de Iéna (Thuringe). Napoléon dirige le gros de ses troupes contre ce qu'il pense être toute l'armée ennemie et envoie le maréchal Davout frapper les arrières des Prussiens vers le nord. Arrivé le 13 octobre sur une énorme butte qui domine Iéna, Napoléon part explorer le terrain avec deux aides de camp. Au retour, il manque d'être tué par une sentinelle pour n'avoir pas entendu son « Qui vive ? » « *Alors, coquin, tu m'as pris pour un Prussien* ? », dit Napoléon à la sentinelle en lui tirant l'oreille comme il en avait l'habitude.

Avant la bataille d'Iéna contre l'armée prussienne le 14 octobre 1806 : Napoléon harangue le 2e régiment de chasseurs à cheval. La puissance de ses paroles sur ces hommes est étonnante. Nul mieux que lui ne sait leur parler et créer l'émulation entre les régiments.

Humiliation prussienne à Iéna

Le lendemain, 14 octobre, à 6 heures, le 5e corps d'armée s'ébranle, le maréchal Lannes à sa tête. La bataille de Iéna commence. « *L'armée est superbe, dans un ordre parfait, pleine d'enthousiasme, de confiance et d'ardeur pour se mesurer avec l'ennemi*, raconte un jeune soldat. *Mon bataillon, en tirailleurs, a devant lui de la cavalerie prussienne. Mes vieux camarades, fermes comme des rocs, me disent : "Cadet, ce sont des Prussiens, vise au poitrail, ils veulent de la musique, il faut les faire danser"* », et les Prussiens « dansèrent »… Comme à leur habitude, ils avancent lentement, parfaitement alignés. Des nuées de tirailleurs français déciment ces soldats qui manœuvrent comme durant la guerre de Sept Ans, près de cinquante ans auparavant.

En quelques heures, les lignes prussiennes, attaquées au centre par Lannes, à gauche par Augereau, à droite par Soult et Ney, sont entièrement rompues. La glorieuse armée prussienne se met bientôt à ressembler à un « fleuve de fuyards ».

Au moment même du triomphe à Iéna, Davout remporte une brillante victoire à Auerstedt sur une armée prussienne bien supérieure en nombre. Quelque temps après, le meilleur stratège de Napoléon recevra le titre de duc d'Auerstedt.

Au son de la musique de la Garde,
l'armée française entre dans
la capitale prussienne.

Les Français défilent dans Berlin !

La poursuite des débris des armées prussiennes est une pièce d'anthologie à laquelle participe le fameux général des hussards Charles de Lasalle. Avec une simple division de cavalerie légère, celui-ci s'empare de la forteresse de Stettin (29 octobre). La Prusse est anéantie en deux mois ; elle a perdu plus de 145 000 hommes, tués, blessés ou prisonniers.

Le 27 octobre, Napoléon fait une entrée solennelle dans Berlin ; il passe par la grande porte de Brandebourg, où il reçoit les clés de la ville et la soumission du corps municipal. La population est partagée entre crainte et admiration et se presse sur le parcours. Quelques acclamations de la bourgeoisie berlinoise, qui maudissait l'aveuglement de la noblesse prussienne, accueillent l'Empereur. Revêtu de son habit vert de colonel des chasseurs, il monte un cheval gris dont la selle est de pourpre et d'or. « *Je le vis près. Il faut être doué d'une rare énergie*, écrit le soir même un bourgeois de Berlin, *pour ne pas courber la tête sous ce regard. Il se trouve des gens pour applaudir l'entrée du vainqueur.* »

Napoléon gagne ensuite le château royal de Sans-Souci. Il visite les appartements du Grand Frédéric où rien n'a été déplacé depuis sa mort (1786). Il médite un instant devant sa modeste table de travail et prend quelques souvenirs : l'épée, un cordon et son réveille-matin. « *Je préfère ces trophées à tous les trésors du roi de Prusse.* »

La campagne de Prusse est terminée. À Iéna, comme à Auerstadt, la stratégie offensive et audacieuse des Français met en pièce la tactique périmée du Grand Frédéric. La Prusse doit régler 160 millions d'indemnités de guerre. Ses possessions sont divisées. Napoléon fait de l'Électeur de Saxe un roi, à condition pour lui d'entrer dans la Confédération du Rhin avec cinq autres principautés. L'Allemagne du Nord, à son tour, entre dans la dépendance française.

« La guerre est le résultat d'un instant, d'une pensée ;
on s'approche avec des combinaisons diverses,
le moment décisif se présente, une étincelle morale se prononce… »
Napoléon

Maréchaux, généraux, aides de camp, rutilants d'or, d'argent et de plumes, suivent Napoléon revêtu de son « petit chapeau et sa cocarde d'un sou », comme dit une chanson populaire de l'époque, mais on ne voit que lui…

Précédé des grenadiers à cheval de la Garde coiffés de leur célèbre bonnet d'ourson, Napoléon entre à Berlin. Le philosophe allemand Hegel écrit : « *J'ai vu l'Empereur – cette âme du monde –, c'est effectivement une sensation merveilleuse que de voir un pareil individu qui, concentré ici sur un point, assis sur un cheval, s'étend sur le monde et le domine.* »

Napoléon est avant tout un grand tacticien. Sur le terrain, il a un coup d'œil incomparable et sait prendre des décisions foudroyantes.

Le « Petit Tondu » est un grand conquérant

De Clausewitz qui le tient pour un dieu de la guerre au général américain Schwarzkopf (guerre du Golfe) en passant par le maréchal Foch qui lui emprunte la théorie de l'offensive à outrance, tous les experts militaires s'accordent à reconnaître le génie militaire de l'Empereur. Napoléon a su conjuguer la tradition militaire de l'Ancien Régime avec la dimension passionnée des armées de la Révolution qui manquaient de discipline. Généralement, on lui reconnaît le principe suivant lequel il faut toujours attaquer en force sur un point donné. Au cœur du combat, Napoléon cherche l'instant où l'ennemi est le plus faible ; il concentre alors tout son effort sur ce point précis et l'attaque jusqu'au moment où celui-ci finit par céder. Il sait parfaitement utiliser l'artillerie et la cavalerie. Pour tous ses soldats, Napoléon demeure l'ennemi des tyrans de l'Ancien Régime. Entre eux, ils l'appellent affectueusement le « Petit Tondu », à cause de ses cheveux coupés courts « à la Titus », alors qu'eux-mêmes portent les *cheveux* longs noués sur la nuque. De la Révolution leur vient aussi l'exaltation du sentiment national, l'orgueil d'appartenir à la « Grande Nation ». Ses soldats le suivraient au bout du monde parce que Napoléon fait partie des leurs et qu'il partage chacune de leurs souffrances et de leurs privations. Enfin, il sait leur parler, les électriser par des discours enflammés. Ils ont compris qu'avec un tel chef, ils obtiendront enfin tout ce qu'ils méritent et ils ne l'oublieront jamais. « *Je gagne des batailles avec les rêves de mes soldats.* » C'est avec ces hommes incroyables que l'Empereur a pu accomplir tant d'exploits. Les meilleurs exemples se trouvent parmi ses maréchaux. Ces compagnons de route sont pour la plupart des hommes du peuple enrôlés à 20 ans comme simples soldats qui ont su grimper tous les grades pour devenir ses fidèles lieutenants. Ney, Murat, Lannes, Masséna sont de véritables héros, braves et indisciplinés, obsédés par la gloire et méprisant la mort. Leur comportement au combat devant l'ennemi touche au sublime.

Napoléon parmi ses hommes

Au milieu de ses soldats, Napoléon est au centre de sa famille, il est chez lui ! Pour ce solitaire, c'est même son seul foyer. Il s'y sent bien et y est certainement plus à son aise qu'entouré de ses courtisans aux Tuileries. L'Empereur a toujours réussi à contrôler son sommeil, mais il lui arrive d'être à bout de fatigue ainsi, sans se soucier des boulets, il s'endort où qu'il soit, parfois à même le sol. Toujours très soucieux de sa propreté, il se sert de son nécessaire de toilette en or qu'il utilisera au matin de chacune de ses victoires et qu'il destinera à son fils dans le testament de Sainte-Hélène. Napoléon n'a aucune pudeur, il fait sa toilette au milieu de la troupe comme si de rien n'était. Mais il lui arrive aussi de ne pas enlever ses bottes pendant deux semaines, comme avant Eylau, en 1807. Si, en route, il doit satisfaire un petit besoin, il met pied à terre au milieu de ses chasseurs et, sans façon, « fait son affaire ». Quand il a froid, il passe sa redingote grise sur son éternel habit vert de colonel des chasseurs. Cette redingote si célèbre devint vite décrépite et fripée ; tout son côté droit n'est qu'une loque brûlée au feu de camp.

Si ses soldats endurent d'incroyables souffrances, c'est parce que Napoléon supporte les mêmes conditions de vie. Il paie de sa personne et tout le monde le sait. Il peut surgir dans les bivouacs en pleine nuit, partager une pomme de terre avec ses soldats. Cette familiarité lui plaît, il l'encourage même. La puissance de ses mots sur les hommes est étonnante. Quand il dit en parcourant les rangs de son armée au milieu du feu : « *Déployez les drapeaux ! Le moment est enfin arrivé !* », ses gestes, ses paroles font trépigner les soldats français. Il sait créer l'émulation entre les corps : « *Le 85e, il vaut ma garde !* », « *Le 32e est là ! Je suis tranquille.* »

Napoléon fait ses ablutions au milieu de ses troupes aidé par son Mamelouk, Roustan. À son cou pend un sachet contenant du poison, afin de ne pas être pris vivant par l'ennemi

Une Grande Armée issue du peuple

En moins de dix ans, l'armée de la Révolution, déguenillée et mal commandée, va se transformer en la meilleure armée du monde, avec des soldats, courageux, fidèles, tenaces. La plupart ont bénéficié de la révolution sociale qui a ouvert la carrière militaire aux énergies nouvelles : l'avancement par le rang et le mérite. L'instruction des soldats continue de se faire par l'amalgame des nouvelles recrues aux vétérans de la Révolution. C'est toujours la même ardeur patriotique, l'amour de l'égalité, la haine de l'aristocratie qui les animent.

Jusqu'en 1808, la Grande Armée demeure avant tout une armée nationale. Napoléon est resté fidèle au système institué par la loi Jourdan-Delbrel de 1798 qui institue le service militaire obligatoire pour tous les Français âgés de 20 à 25 ans. Elle est tempérée par le tirage au sort, par le remplacement et un certain nombre d'exemptions pour les hommes mariés (30 % d'une classe d'âge). Le chiffre de 2 200 000 conscrits mobilisés pour toutes les guerres de l'Empire, jugé monstrueux à l'époque, est pourtant bas pour une population de 29 millions d'habitants. En outre, Napoléon reprend l'habitude de l'Ancien Régime d'enrôler des contingents étrangers. À partir de 1805, la Grande Armée englobe des Italiens, des Polonais, des Suisses, des Hollandais, des Allemands. Leur nombre grossira plus encore, si bien qu'en 1812, ils formeront près des deux tiers des effectifs.

Pour ses hommes,
Napoléon est à la fois
un père et un des leurs.
Ils le considèrent comme
un dieu de la guerre…

N'entre pas dans la Garde impériale qui veut. Pour faire partie de ce corps mythique, il faut déjà avoir fait plusieurs campagnes et mesurer au minimum 1,76 mètre pour les grenadiers à pied et les grenadiers à cheval.

La Garde impériale

Élite parmi l'élite, la Garde impériale, héritière de la garde des consuls, est organisée par les décrets de juillet 1804. Elle comprend alors un état-major général et un régiment de grenadiers à pied, un régiment de chasseurs à pied, un de grenadiers à cheval, un autre de chasseurs à cheval, un corps d'artillerie, soit au total 9 798 hommes. Tout au long de l'Empire, de nouvelles unités sont créées et ses effectifs ne cessent de croître. Elle compte jusqu'à trois régiments de grenadiers à pied, plusieurs de fusiliers, de tirailleurs et de voltigeurs, trois régiments de chevau-légers, un autre de dragons au point qu'il faut la diviser en Vieille, Moyenne et Jeune Garde à partir de 1809. L'Empereur considère ce corps comme son domaine réservé. Napoléon veille « comme un père » sur ses meilleurs soldats. « *La Garde* [est] *mon trésor d'hommes* », dira-t-il à Sainte-Hélène. La meilleure nourriture, les meilleurs logements, les meilleurs habits, les meilleurs chefs lui sont réservés. À la tête de la Vieille Garde, le général Dorsenne est admiré pour son courage exceptionnel et sa tenue toujours très soignée. Il est le seul capable de rester immobile, dos à l'ennemi pour faire face à son régiment, alors que les boulets et la mitraille pleuvent sur lui et ses soldats. Si elle est présente sur tous les champs de bataille de l'Empire, Napoléon ne l'engage qu'avec parcimonie. Elle entre néanmoins dans la légende après s'être distinguée à Austerlitz, à Eylau, en Espagne, à Essling et Wagram, en Russie puis, enfin et surtout, à Waterloo avec la fameuse phrase de Cambronne : « *La Garde meurt mais ne se rend pas !* » À Sainte-Hélène, Napoléon écrit : « *Si jamais nous en avons le loisir, il nous faut écrire l'histoire de ma garde. Ce livre sera comme un monument indestructible que j'élèverai à la mémoire de ces braves…* »

Les chasseurs à cheval

Les chasseurs de la Garde sont sans doute le régiment le plus célèbre de la cavalerie de la Grande Armée. Formés en 1804, ils sont organisés en quatre escadrons de deux compagnies chacun. Les chasseurs ont le privilège envié d'assurer la protection de l'Empereur. Ils sont pour ainsi dire ses gardes du corps : un peloton de 27 chasseurs marche toujours devant et derrière lui. Un brigadier et quatre chasseurs, dont l'un porte le portefeuille et l'autre la lorgnette de Sa Majesté, galopent au-devant de l'Empereur et lui ouvrent la voie. S'arrête-t-il, met-il pied à terre, les chasseurs l'imitent à l'instant, placent la baïonnette au bout du mousqueton et marchent ainsi en carré, l'Empereur au milieu d'eux. L'officier commandant le peloton d'escorte suit constamment Sa Majesté ; seuls le roi Murat et Berthier peuvent lui disputer le pas. L'Empereur s'établit-il dans un logement, cet officier stationne dans l'appartement le plus près du sien. Les chasseurs de son peloton sont pied à terre, tenant à la main les rênes des chevaux, à la porte de la maison occupée par l'Empereur qui a toujours là un cheval sellé. Le peloton d'escorte chargé de ce service est relevé toutes les deux heures de façon qu'à toute heure du jour ou de la nuit, ce soit la même disposition. Ce régiment a le plus grand dévouement pour son empereur et en est, d'ailleurs, copieusement récompensé. On les vit sur de nombreux champs de bataille se couvrirent de gloire, avec leur magnifique uniforme à la hussarde et montés sur leurs fringants chevaux alezans.

Deux braves morts au champ d'honneur

Bessières, le Bayard de la Grande Armée

Napoléon savait choisir ses hommes, qu'importe qu'ils soient issus du peuple ou de l'aristocratie pourvu qu'ils soient des braves n'ayant pas peur de défendre leurs idéaux… Murat, Lannes, Ney et… Jean-Baptiste Bessières. D'une très grande bravoure, il est plusieurs fois cité pour ses exploits. Taciturne et réfléchi, très attaché à Napoléon, il lui est toujours extrêmement loyal. À la tête de la cavalerie de la garde impériale, il mène la charge légendaire des chasseurs et des grenadiers à cheval à Austerlitz qui culbute la garde impériale russe. À Eylau, au milieu d'une épouvantable tempête de neige, il accompagne Murat dans la formidable et sanglante attaque des 80 escadrons français qui enfoncent les lignes russes. En 1808, Bessières part pour l'Espagne et gagne la bataille de Medina del Rio Seco. Duc d'Istrie, Bessières est tué par un boulet, près de Weissenfels en 1813. Napoléon, pour qui sa mort est une perte immense, dira : « *Bessières a vécu comme Bayard et il est mort comme Turenne.* » Pressentiment funeste ? Au matin du 1er mai, le maréchal avait brûlé les lettres de sa femme qu'il avait, jusque-là, conservées pieusement.

Sabreurs hors pair au cœur de mêlées épiques, Murat et Lasalle se sauveront la vie à deux reprises. Un jour, le prince Murat se trouve isolé au cœur de la mêlée, encerclé par douze dragons russes. Lasalle s'en aperçoit et s'élance tout seul à l'aide de Murat et réussit à le dégager. Peu de temps après, il se retrouve à son tour seul au milieu des cavaliers russes, Murat se précipite alors, se jette dans la mêlée et lui sauve la vie. Il lui serre la main et lui dit : « *Général, nous sommes quittes !* »

Lasalle : « *Tout hussard qui n'est pas mort à 30 ans est un jean-foutre !* »

Né dans une famille noble et de tradition militaire, Charles de Lasalle se fait remarquer par Napoléon dès Rivoli en 1797. À la fin de la bataille, il lui dit, en montrant tous les drapeaux pris à l'ennemi : « *Couche-toi dessus, tu l'as bien mérité.* » Au début de 1806, il commande les 5e et 7e hussards qui forment la fameuse « brigade infernale », redoutée sur tous les champs de bataille. Le 29 octobre 1806, avec seulement 500 hussards, Lasalle s'empare de la place forte de Stettin. Simulant l'arrivée d'une force importante, il envoie un parlementaire pour sommer la place de se rendre. La réponse est négative, mais le colonel Schwarz du 5e est envoyé dans la nuit pour menacer de prendre la ville d'assaut, ce qui signifie le pillage de la cité. Les négociants de ce port très commerçant décident le vieux gouverneur à rendre la place. Au petit matin, la garnison sort de la ville. Le gouverneur offre à Lasalle une pipe magnifique et 5 500 hommes commencent à défiler devant les 500 hussards alignés ! À Wagram, il charge comme d'habitude au mépris du danger et une balle d'un fantassin autrichien le tue, l'atteignant en plein front. Lasalle est sans doute l'un des plus brillants cavaliers de l'Empire. Il représente l'image parfaite du hussard avec ses bons et mauvais côtés ; fier, élégant, brave à l'excès, bagarreur et buveur. Cet homme intransigeant, qui affirme volontiers que « *tout hussard qui n'est pas mort à 30 ans est un jean-foutre !* », sait également écrire à sa femme : « *Mon cœur est pour toi, mon sang pour l'Empereur et ma vie à l'honneur !* »

Eylau, l'affrontement total

Avant d'écraser définitivement les Russes, l'Empereur prend, le 21 novembre 1806, depuis Berlin, une décision capitale. Il signe le fameux décret selon lequel « *les îles Britanniques sont déclarées en état de blocus. Tout commerce et toute correspondance avec les îles Britanniques sont interdits...* » Napoléon espère ainsi asphyxier l'économie de l'Angleterre, première puissance commerciale, et l'isoler politiquement. Le blocus continental doit empêcher toute entrée et toute sortie de navires anglais dans les ports du continent sous contrôle français. Mais, au même moment, les Russes créent la surprise en décidant d'attaquer les Français à l'est en plein cœur de l'hiver. 70 000 hommes et 400 pièces d'artillerie prennent position au nord-est d'Eylau, petit village de la Prusse orientale sur la route de Königsberg (actuellement Kaliningrad). Napoléon fonce à leur rencontre et, le 7 février, épuisé après sept jours de marche, rejoint l'armée russe. L'Empereur n'a pour l'instant que 46 000 hommes et 300 canons à lui opposer. Pourtant, il est bien décidé à saisir sa chance. Le plus urgent est de ramener à lui le corps du maréchal Davout (à 18 kilomètres) et celui de Ney (à 30 kilomètres). Une des batailles les plus sanglantes de l'Empire se prépare. Eylau

Eylau est une des rares batailles où la Garde impériale, toujours engagée dans les combats avec parcimonie, joue un rôle crucial.

marque une étape importante vers une guerre totale avec l'utilisation massive de l'artillerie et par l'importance des pertes subies. Ce caractère est sans doute accentué par le terrain et la situation climatique. Eylau se trouve au milieu d'une plaine totalement découverte, toute blanche et glacée de neige. Seule l'église du village offre un point de repère dans cette immensité. C'est là, du reste, que Napoléon établit son quartier général.

La bataille débute au matin du 8 février 1807 vers 7 heures, par une préparation massive d'artillerie dont les tirs sont dirigés contre l'église d'Eylau où se tient l'Empereur. Puis, la droite de l'armée russe se met en marche pour tenter de déborder l'armée française sur son flanc le plus faible. Au même moment, sur la droite française, Davout arrive à marche forcée et porte une attaque franche contre le flanc gauche des Russes qui fléchit. C'est le moment que Napoléon choisit pour envoyer contre le centre russe le 6e corps d'armée commandé par le maréchal Augereau et composé de deux divisions. Les combats vont atteindre alors leur paroxysme d'intensité. Il est 10 heures du matin, les 7 000 hommes d'Augereau s'ébranlent, se forment en carré et se déploient face aux Russes, solidement appuyés à plusieurs mamelons. Tandis que les Français avancent, une terrible tempête de neige frappe tout à coup la face des soldats et leur dérobe la vue du champ de bataille. Les deux divisions aveuglées par les rafales de grêle se trompent de direction et, obliquant trop à gauche, débouchent juste devant la batterie principale russe, au moment même où le ciel s'éclaircit. 72 pièces russes vomissent, à bout portant, une telle quantité de mitraille qu'en moins d'un quart d'heure le corps d'Augereau est littéralement massacré ! Soudain, la neige cesse de tomber et permet d'apercevoir un douloureux spectacle. Sur 7 000 Français, 4 000 environ, morts ou blessés, jonchent le sol. Surgissent alors 4 000 grenadiers russes en deux énormes colonnes qui s'engouffrent dans cet espace béant dans le but de couper l'armée française en deux. Elles marchent droit sur le cimetière où Napoléon a placé son quartier général et dont elles s'approchent dangereusement. Dans l'état-major impérial, une tension extrême règne sur les visages. Napoléon va-t-il reculer ? Exigeant des autres l'impassibilité qu'il s'impose à lui-même, l'Empereur, calme et ferme, donne ses ordres.

Le cimetière d'Eylau

Les combats autour du cimetière d'Eylau symbolisent l'âpreté d'une victoire remportée par Napoléon au prix d'énormes sacrifices. Le cimetière est la clé de la bataille. Le poème de Victor Hugo (*La Légende des siècles*) dédié à son oncle, le capitaine Louis-Joseph Hugo, raconte ce combat épique et révèle l'ampleur des pertes subies :

« Le soir on fit les feux, et le colonel vint.
Il dit : — Hugo ? — Présent. — Combien d'hommes ?
— Cent vingt.
— Bien. Prenez avec vous la compagnie entière,
Et faites-vous tuer. — Où ? — Dans le cimetière.
Et je lui répondis : — C'est en effet l'endroit. »

À la nuit tombante, fin de la bataille :

« — Voyons où nous en sommes.
J'ajoutai : — Debout, tous ! Et je comptais mes hommes.
— Présent ! dit le sergent. — Présent ! dit le gamin [le jeune tambour].
Je vis mon colonel venir, l'épée en main.
— Par qui donc la bataille a-t-elle été gagnée ?
— Par vous, dit-il. — La neige était de sang baignée.
Il reprit : — C'est bien vous, Hugo ? C'est votre voix ?
— Oui. — Combien de vivants êtes-vous ici ? — Trois. »

La Garde et Murat : espoirs suprêmes !

Devant la menace de voir ses lignes brisées, loin de reculer, Napoléon tente une manœuvre désespérée. Il décide d'engager les grenadiers à pied de la Garde, sous la conduite du général Dorsenne. Durant deux heures, les boulets et les obus pleuvent sur leur rang immobile attendant la mort sans pouvoir se défendre. En raison du sol gelé, les tirs se révèlent très meurtriers. Au lieu de s'enfoncer dans la terre, les boulets rebondissent, éclatent en aggravant les dégâts. C'est un ravage épouvantable ! De tous côtés les hommes tombent, et des files entières disparaissent. L'Empereur donne enfin l'ordre d'attaquer. La Garde se précipite sur les Russes, à la baïonnette, sans tirer un seul coup de fusil. Puis, Napoléon se tourne vers Murat, immobile à cheval près de lui : et lui dit : « *Eh bien, nous laisseras-tu dévorer par ces gens-là ?* » Le prince Murat prend alors la tête de toute la cavalerie et hurle : « *Chargez, tout cela est à moi !* »

Napoléon crie à Murat : « *Eh bien, nous laisseras-tu dévorer par ces gens-là ?* »
Sans réfléchir, Murat rassemble toutes les réserves de cavalerie et s'élance à la tête de 80 escadrons pour une charge fantastique.

Murat à la tête de ce qui fut sans doute la plus grande charge de cavalerie de l'histoire. Plus de 10 000 cavaliers transpercent littéralement les positions russes. Le choc est terrible : en une minute, dans une bourrasque aveuglante, ils renversent les lignes des fantassins russes.

La plus grande charge de cavalerie de l'histoire

Napoléon ordonne à la cavalerie de Murat de repousser les assauts des Russes. Commence alors une des plus mythiques charges de cavalerie de l'épopée napoléonienne dont historiens et romanciers vont s'emparer, à l'image de Balzac dans *Le Colonel Chabert.* Plus de 10 000 cavaliers fondent aux cris de « Vive l'Empereur ! » sur les Russes qui en restent stupéfaits ! La charge est tellement impétueuse qu'elle traverse complètement leurs lignes. Ces efforts prodigieux arrêtent net la progression des Russes. La situation semble rétablie et le général russe envisage un instant de battre en retraite quand, brusquement, vers 15 heures, l'arrivée de renforts lui offre une nouvelle chance. Davout doit haranguer ses soldats à cheval : « *Les lâches iront mourir en Sibérie, les braves mourront ici en gens d'honneur !* » et il se jette à son tour dans la fournaise. Toute la soirée, les combats font rage et se poursuivent, indécis et sanglants. À la tombée du jour, les Russes perdent du terrain, mais se retirent en assez bon ordre. La victoire est française ; elle est réelle dans la mesure où Napoléon reste maître du champ de bataille, mais c'est une victoire à la Pyrrhus et elle a coûté fort cher.

Le lendemain, sur le champ de bataille, Napoléon est anéanti : « *Quel massacre,* l'entend-on murmurer. *Et sans résultat ! Spectacle bien fait pour inspirer aux princes l'amour de la paix et l'horreur de la guerre !* »

Un bilan effroyable

L'Empereur, très affecté par les pertes subies, reste huit jours sur le champ de bataille pour activer le secours aux blessés. Certains affirment l'avoir vu pleurer, sous le choc, nerveusement épuisé. Le bilan de la bataille est effroyable. Les Russes ont pour leur part perdu 25 000 hommes, tués ou blessés. Les Français déplorent 17 000 tués ou blessés. Le journal du chirurgien en chef de la Grande Armée, Pierre-François Percy, décrit un véritable enfer. Il dépeint les amputations sans anesthésique, la gangrène, les poux, la gale. La mortalité est bien plus importante dans les hôpitaux que sur les champs de bataille, on y meurt surtout de maladies, en particulier du typhus qui représente un véritable fléau. En général, la proportion de morts au combat est de l'ordre de 10 % du nombre total des morts de la Grande Armée. Le nombre d'officiers tués est de plus de 12 %. Les guerres du Consulat et de l'Empire sont la cause, du côté français, de 600 000 décès, dont 90 000 au combat, les autres de maladies, d'épidémies ou de blessures mal soignées. Cependant, on reste loin des millions de morts communément annoncés dans les manuels scolaires.

La France, avec 29 millions d'habitants en 1800, est le pays le plus peuplé d'Europe. Seule la Russie dépasse sa population. Cette supériorité démographique explique pour partie le dynamisme militaire de notre pays. En revanche, contrairement à une erreur généralement admise, la population française sera en constante augmentation pendant la période impériale, malgré les pertes dues aux guerres, de 1805 à 1815 : elle s'accroît de 2,7 %.

Le système dynastique napoléonien

Après une victoire décisive sur les Russes à Friedland le 14 juin 1807, Napoléon signe enfin la paix de Tilsit. Ce traité pourrait être assimilé à un « partage du monde » : aux Français l'Ouest du continent et aux Russes, l'Est. Une sorte de nouvel équilibre se dessine, sous domination française. Dans ce cadre presque stabilisé, l'Angleterre ne pourra que s'avouer vaincue. Mais le tsar Alexandre Ier n'acceptera pas longtemps le blocus continental, cet embargo général sur les marchandises anglaises. Ensuite, Napoléon met en place un système dynastique, fondé sur l'attribution de royaumes à ses frères et sœurs. Ainsi, à travers toute l'Europe, se diffusent les notions de liberté individuelle et d'égalité civile, d'abolition des privilèges, de tolérance religieuse, d'affranchissement du commerce. Cependant, c'est à cette occasion que l'Empereur commet sa première erreur en mai 1808 en faisant occuper la péninsule

Ayant vaincu ses adversaires l'un après l'autre, Napoléon impose son hégémonie sur l'Europe, dont il redessine la carte et partage les royaumes entre sa famille et ses alliés.

Ibérique. Profitant des rivalités entre le roi d'Espagne, Charles IV, et son fils Ferdinand, il impose sur le trône de Madrid un troisième homme, son frère aîné, Joseph Bonaparte, qui va se révéler parfaitement incapable. Napoléon s'engage ainsi de manière irréversible dans une suite d'événements qui vont peu à peu fragiliser son empire. Il doit, en effet, faire face au soulèvement de la population espagnole, attisé par le clergé et la noblesse. Pendant cinq ans, ce cancer va ronger les flancs de l'Empire, immobiliser des centaines de milliers d'hommes et offrir aux troupes anglaises un premier champ de bataille continental. Commandés par Wellington, les « habits rouges » mettront en échec les maréchaux envoyés par Napoléon et commandés par un roi Joseph bien piètre militaire.

Joachim Ier Murat, roi de Naples

Le 15 juillet 1808, Napoléon nomme par décret Murat roi de Naples. Le fils d'un simple aubergiste, né près de Cahors dans le Lot, monte sur le trône prestigieux des Bourbon-Sicile. Joachim Ier entre dans sa capitale le 6 septembre sous les acclamations d'une foule en liesse, tout particulièrement dans les quartiers populaires. Jusque dans le sud de la péninsule, on connaît les exploits de celui que Napoléon qualifie de « meilleur officier de cavalerie du monde ». Son caractère méridional et ses qualités humaines plaisent beaucoup aux Napolitains. Le nouveau souverain est surpris, séduit, bientôt conquis. Il ne tarde pas à tomber amoureux de son royaume, qu'il s'attache à réformer profondément. Il y fait appliquer le Code civil, fait cesser les arrestations arbitraires, encourage les sciences et les lettres et acquiert une grande popularité. La personnalité fantasque de Murat et ses uniformes colorés irritent souvent Napoléon, qui l'appelle ironiquement « le roi Franconi », du nom d'un célèbre écuyer de l'époque connu pour ses tenues excentriques, mais il admire sa bravoure, et plus tard regrettera son absence à Waterloo : « *Murat nous eût peut-être donné la victoire* […] *jamais à la tête d'une cavalerie on ne vit personne de plus déterminé, de plus brave, d'aussi brillant* […] »

Murat est un paradoxe humain, ses nombreuses qualités humaines, la noblesse de son visage, l'élégance de ses manières, son amabilité, sa galanterie font oublier une naissance obscure et son manque d'esprit réfléchi. Le général Thiébault le dépeint comme « *le plus brillant, le plus chevaleresque, le plus beau des hommes, mais qui n'a jamais vu la guerre que dans la puissance de son sabre…* »

Roi de Naples en 1808, Murat,
par l'élégance recherchée de ses manières,
la fierté de son regard, sa force physique
et sa brillante audace dans les combats,
ressemble à un preux chevalier
du Moyen Âge.

La mort de Lannes, son meilleur ami

En 1809, l'Angleterre entraîne à nouveau l'Autriche dans une cinquième coalition contre la France. En plus du soutien financier habituel, la « banquière de la guerre » promet cette fois-ci de débarquer des troupes. Napoléon apprend cette attaque le 17 janvier, alors qu'il se trouve en Espagne afin de mater l'insurrection populaire. Il quitte précipitamment Madrid, n'hésite pas à galoper 120 kilomètres d'affilée pour gagner au plus vite Paris, où il arrive le 23 janvier. Il mobilise une armée forte de 150 000 hommes et 300 canons et, dès le 12 mai, Vienne capitule. Napoléon fait son entrée dans la capitale et s'installe une fois de plus au palais impérial de Schönbrunn. Le 6 juillet, il affronte à Wagram les Autrichiens et c'est une nouvelle victoire éclatante. L'Autriche signe le 14 octobre le traité de Vienne. Elle est privée de tout accès à la mer. Trieste et les provinces de Carinthie, de Carniole et de Croatie sont données à la France. Celles-ci, jointes à l'Istrie et à la Dalmatie, forment les Provinces illyriennes. Malheureusement, c'est durant cette campagne que l'Empereur perd son meilleur ami, le maréchal Lannes, mortellement blessé aux environs d'Essling le 22 mai 1809. Juste après la mort de deux de ses aides de camp juste sous ses yeux, il s'assoit sur le bord d'un fossé, la main sur les yeux et les jambes croisées. Il est plongé dans de sombres réflexions, lorsqu'un boulet arrive en ricochant et frappe le maréchal au point où ses deux jambes se croisent !... La rotule de l'une est brisée et le jarret de l'autre déchiré ! Le chirurgien Larrey doit se résoudre à pratiquer une double amputation. Lannes est ensuite transporté à l'abri où Napoléon, prévenu, accourt, le prend dans ses bras, l'étreint. Le maréchal lui aurait alors adressé de vifs reproches sur ses ambitions et sa soif de guerre : « *Ton ambition est insatiable, elle te perdra. Tu sacrifies sans ménagement les hommes qui te servent le mieux !* » Cependant, au moment de s'éloigner, l'Empereur en larmes lui dit : « *Vous vivrez, mon ami, vous vivrez !* »... Le maréchal lui répond en lui pressant les mains : « *Je le désire, si je puis encore être utile à la France et à Votre Majesté !* » Lannes meurt le 31 mai à 5 heures du matin, à 40 ans. L'Empereur, qui l'aimait profondément, écrit à sa veuve, la duchesse de Montebello : « *Le maréchal est mort ce matin des blessures reçues au champ d'honneur. Ma peine égale la vôtre ; je perds le général le plus distingué de mes armées, mon compagnon d'armes depuis seize ans, celui que je considérais comme mon meilleur ami...* »

Né à Lectoure, dans le Gers cet ancien apprenti teinturier n'a jamais fait d'études, mais, prodigieusement doué, Lannes devient l'un des meilleurs maréchaux de Napoléon. Jusqu'à la fin, il est le seul à le tutoyer, le seul à oser s'introduire dans sa tente sans se faire annoncer...

1810-1811
L'apogée de l'Empire

À la naissance du roi de Rome, l'Empereur fait donner des fêtes et tirer des feux d'artifice. Toute la France est dans la joie car cet enfant est l'héritier tant désiré.

Au retour de la campagne de 1809, Napoléon prend la décision de divorcer et de remplacer Joséphine par une princesse pouvant lui assurer un héritier. Il s'agit en effet pour lui d'enraciner la dynastie des Bonaparte dans le pays et de consolider l'Empire. Ce dernier n'a jamais été aussi étendu. L'application du blocus continental a conduit l'Empereur à étendre son contrôle direct sur les côtes européennes et à multiplier les alliances avec ses voisins. Il domine à présent un empire comptant 130 départements français, 10 royaumes vassaux et 30 principautés. Son frère Joseph règne sur l'Espagne, Louis, qui a épousé Hortense de Beauharnais, la fille de Joséphine, sur la Hollande, Jérôme est monté sur le trône de Westphalie, composé de toutes pièces avec les territoires prussiens situés sur la rive gauche de l'Elbe ainsi que d'une partie du Hanovre. Napoléon lui a adressé ces derniers conseils pour l'inciter à fonder un « État modèle, sage et libéral ». Enfin, son beau-frère Murat et sa sœur Caroline, dirigent le royaume de Naples. Il faut avouer que la nouvelle reine du sud de la péninsule dont on dit qu'elle possède le caractère autoritaire de son frère, a su se montrer persuasive pour obtenir ce trône tant convoité. Le Grand Empire compte par ailleurs l'Italie du nord, la Confédération du Rhin, la Suisse, les grands duchés de Berg, de Varsovie et celui de Toscane qu'il a accordé à sa sœur Élisa. Au-dessus de tous règne le seul et unique vrai maître qui ne supporte aucune désobéissance : Napoléon Ier. L'Empereur voudrait faire de l'Europe un seul et même État unifié par les lois françaises. Certes, la France est toujours en guerre contre l'Angleterre et continue à se battre en Espagne, mais les années 1810-1811 sont globalement des années d'apogée. Le mariage autrichien, suivi de la naissance du roi de Rome, donne un nouveau visage à l'Empire et à son Empereur tout-puissant…

Mégalomanie ?

À partir de 1810, Napoléon est sujet à des crises de colère de plus en plus violentes. Son caractère change, sa fameuse maîtrise de soi disparaît et il se laisse emporter par ses nerfs. Il oscille sans cesse entre une hyperactivité enthousiaste et des moments de profonde dépression. Ses capacités de séduction qu'il savait développer auprès des hommes et des femmes de son entourage, disparaissent au profit d'un autoritarisme de plus en plus marqué. Ce sont des mouvements d'humeur violente qu'il ne peut contrôler lorsque quelque chose lui résiste. Arrivé au sommet de la puissance, il ne supporte pas que l'on s'oppose au moindre de ses désirs. Si l'obstacle qui se dresse devant lui ne peut être franchi, il laisse exploser sa rage. Et, depuis peu, les obstacles politiques sont de plus en plus nombreux. Ses angoisses grandissent et il vit dans une anxiété permanente. À mesure que ses vrais soutiens et fidèles amis disparaissent, comme Joséphine ou Lannes, il se referme sur lui-même. Désormais, il est le maître absolu, le seul à décider de toutes les affaires politiques et militaires…

Le divorce avec Joséphine

En 1809, Napoléon n'a toujours pas d'héritier et il est sûr maintenant que Joséphine ne peut plus avoir d'enfant. Plus que jamais, l'incompétence de ses frères à la tête des royaumes qu'il leur a confiés le conduit à souhaiter avoir un fils. Pour cela, il lui faut se séparer de sa chère épouse qu'il aime toujours. Poussé de toutes parts au divorce, par sa famille et ses ministres, l'Empereur a avoué à Joséphine qu'il devait la quitter. Elle lui a répondu, soumise : « *Quand vous m'ordonnerez, j'obéirai.* » Joséphine comprend bien qu'il lui faut un héritier à sa gloire, un enfant qui revive en lui et consolide son empire. Elle ne doute pas de son attachement. Le soir du 30 novembre, au dîner, le couple s'enferme seul ; Napoléon, triste et malheureux, se fait plus pressant et annonce à l'Impératrice son intention de divorcer rapidement : « *Mon parti est pris, il est irrévocable. La France entière demande le divorce. Rien ne me fera revenir, ni larmes ni prières. J'entends être obéi.* » À l'audition de la sentence, Joséphine, désespérée, a soudain une violente crise de nerfs, elle se jette à terre pleurant et criant à fendre le cœur : « *Non, vous ne le ferez pas ! Vous ne voudrez pas me faire mourir !* » Elle tombe ensuite à demi inconsciente. Napoléon, aidé de son chambellan, la transporte dans sa chambre par un petit escalier dérobé qui communiquait de ses appartements à ceux de Joséphine. Quinze jours plus tard, le divorce est prononcé aux Tuileries.

Après avoir entendu sa décision de divorcer, Joséphine s'est évanouie. Napoléon et son chambellan la transportent par un escalier secret dans sa chambre.

Le 27 mars 1810, le cortège de Marie-Louise parvient aux abords de Compiègne. Sa voiture s'arrête brutalement au milieu de la chaussée boueuse et ravinée. À la surprise générale, Napoléon se tient là depuis des heures, sous une pluie battante, impatient comme un adolescent. Il n'a pu attendre plus longtemps sa nouvelle épouse…

Le mariage autrichien : « *J'épouse un ventre* »

Désormais, Napoléon a besoin d'un « ventre », comme il le dit « élégamment ». Deux options se présentent : épouser une princesse russe, en la personne de la sœur du tsar, ou une princesse autrichienne, la fille de l'empereur François Ier. Après un débat au sommet de l'État, c'est ce second choix qui est retenu, malgré les souvenirs laissés en France par Marie-Antoinette. Napoléon se tourne donc vers l'Autriche, qui est prête à tout pour préserver son existence. En épousant Marie-Louise de Habsbourg, fille de François Ier et nièce de Marie-Antoinette, Napoléon devient le petit-neveu par alliance de… Louis XVI. Le mariage est fixé au 29 mars 1810. Quand Napoléon découvre cette jeune fille de 18 ans, blanche, fraîche, aux formes généreuses et girondes, il sent immédiatement monter en lui une vague de désir pour cette pucelle que la cour d'Autriche a longtemps préservée des hommes. Dès le lendemain de leur première rencontre, l'Empereur confie à son ministre Savary : « *Mon cher, épousez une Allemande, ce sont les meilleures femmes du monde, douces, bonnes, naïves et fraîches comme des roses.* » D'abord quelque peu intriguée de connaître enfin celui que tout le monde appelle à la cour de Vienne « l'Antéchrist », Marie-Louise ne tarde pas à succomber au charme de son époux : « *Je trouve qu'il gagne beaucoup quand on le connaît de près ; il a quelque chose de très prenant, de très empressé à quoi il est impossible de résister* », avoue-t-elle à son père. Napoléon est quant à lui fort satisfait de sa nouvelle conquête : « *Elle remplit toutes mes espérances et depuis deux jours, je n'ai cessé de lui donner et d'en recevoir des preuves des tendres sentiments qui nous unissent. Nous nous convenons parfaitement.* » Le mariage politique, arrangé, tourne vite à la romance…

101 coups de canon ! C'est un garçon !

Le 20 mars 1811, au matin, le canon commence à tonner. Une foule d'un million de Parisiens a envahi les rues et les jardins. Tout le monde retient son souffle et compte le nombre de coups partis des Invalides. 101 coups annoncent un garçon, 21 une fille. Au 22e coup, ce sont des immenses cris de joie et acclamations qui parviennent jusqu'aux Tuileries, tous les Parisiens sont en liesse. Un témoin raconte : « *Tout le monde était silencieux, comptant les coups. Au vingt-deuxième, un immense cri de "Vive l'Empereur !" Poussé par la foule ivre de joie, notre Empereur avait enfin un héritier.* » On présente ensuite l'enfant lavé et habillé à Napoléon. Celui-ci le prend dans ses bras, des larmes coulent sur ses joues. Il peut le présenter à tous les dignitaires de l'Empire. Puis, du balcon des Tuileries, il le montre aux Parisiens massés dans la cour qui le saluent par une gigantesque ovation. Napoléon est au comble du bonheur : « *L'avenir est à moi* », répète-t-il. Le nouveau-né est prénommé Napoléon-François-Charles-Joseph, roi de Rome.

NAPOLÉON TOUJOURS POPULAIRE

Le 20 mars 1811, les Parisiens descendent dans la rue et célèbrent la naissance du roi de Rome. Malgré un régime de plus en plus autoritaire, Napoléon est toujours populaire, comme en témoigne cette anecdote.

Dans la foule qui acclame la naissance du roi de Rome, une femme du peuple crie plus fort que les autres :

« *Vive l'Empereur !* »

Une aristocrate agacée lui dit :

« *Pourquoi êtes-vous si concernée ?* »

Il est devenu pareil à ce roi que vous avez envoyé à la guillotine.

« *Non,* répond la femme, *celui-ci, il est des nôtres…* »

Ainsi, malgré la fin de la liberté de la presse – Napoléon ne supportant plus l'opposition des journaux a réduit leur nombre à quatre –, la présence d'une police redoutable organisée par Fouché, une obéissance absolue exigée de tous les Français civils et militaires, même avec tout cela, Napoléon reste populaire, notamment auprès des ouvriers et des paysans qui lui doivent beaucoup.

Amolli par sa nouvelle vie conjugale. Pendant les vingt-sept premiers mois de leur union, les époux ne se séparent pas. L'Empereur ne sait même plus quelle décision prendre au sujet du problème espagnol. Il annule même, au dernier moment, deux de ses départs pour Madrid, où il devait redresser une situation militaire inquiétante. Marie-Louise, les larmes aux yeux, a su retenir son amant. Quel eût été le sort de la péninsule Ibérique si la jeune Impératrice n'avait pas détourné Napoléon de ses devoirs d'empereur ? Ce n'est qu'en juin 1812 que l'Empereur la quitte pour rejoindre la Grande Armée en Russie.

L'Aiglon, le fils tant aimé

Le fils de Napoléon, tant attendu, tant espéré, tant aimé, est son bien le plus cher. Dès qu'il a un moment, l'Empereur joue avec lui. Il le taquine, le porte devant une glace, et lui fait souvent mille grimaces dont l'enfant rit jusqu'aux larmes. Lorsqu'il déjeune, il le met sur ses genoux, trempant un doigt dans la sauce, le lui fait sucer et lui en barbouille le visage. La gouvernante gronde ; l'Empereur rit plus fort, et l'enfant, qui prend plaisir au jeu, demande dans sa joie bruyante que son père recommence.

L'enfant vient au monde dans des conditions dramatiques. Le bébé se présentant mal, l'accouchement est très difficile. Napoléon ordonne sans hésiter de sauver en priorité la mère. Enfin, l'Impératrice délivrée met au monde un garçon qui paraît mort-né et que l'on dépose sur un tapis. Alors que tous les médecins se préoccupent de la mère, Mme de Montesquiou prend l'enfant dans ses bras et essaie de le ranimer. Au bout de plusieurs minutes, il pousse enfin un cri ! Napoléon-François-Charles-Joseph est vivant ! Napoléon est comblé.

Sa première éducation est facile. Mame de Montesquiou, devenue sa gouvernante, prend sur lui une grande ascendance : elle le doit à la manière tout à la fois douce et grave dont elle le reprend quand il fait quelques fautes. L'enfant est généralement docile, cependant, il a quelquefois de violents accès de colère. Sa gouvernante adopte un excellent moyen pour l'en corriger : demeurer impassible, laissant se calmer d'elles-mêmes ces petites fureurs. Quand l'enfant reprend ses esprits, une observation faite avec sévérité fait de lui un petit être obéissant pour le reste de la journée. Un jour qu'il se roule à terre en poussant de grands cris, sans vouloir écouter les remontrances de sa gouvernante, celle-ci ferme fenêtres et volets. L'enfant, que ce changement imprévu étonne, oublie ce qui le contrarie et demande pourquoi elle agit ainsi. « *C'est de peur qu'on ne vous entende*, répond-elle ; *croyez-vous que les Français veulent d'un prince comme vous, s'ils savent que vous vous mettez en colère ? — Crois-tu qu'on m'ait entendu ?* s'écrie-t-il, *j'en serais bien fâché. Pardon, maman Quiou* [c'est ainsi qu'il l'appelle] *; je ne le ferai plus…* »

Le « roi de Rome » ne restera en France que quelques années. Après la défaite de la campagne de France, il quitte Paris avec sa mère le 29 mars 1814. L'Impératrice rejoint son père en Autriche. Le prince, devenu duc de Reichstadt, est élevé à la cour de Vienne. Malgré les actes d'abdication de son père en sa faveur, il ne régnera jamais, et surtout, Napoléon ne le reverra jamais… Il n'a que 21 ans quand il meurt de tuberculose, le 22 juillet 1832 à Vienne. Cette fin tragique, puis la célèbre pièce d'Edmond Rostand, *L'Aiglon*, le font entrer dans la légende et l'élèvent rapidement au rang de martyr dans la mémoire collective française.

L'Empereur aime passionnément son fils ; il se révèle être un père affectueux, tendre et attentif. Il le prend dans ses bras chaque fois qu'il le voit, le soulève vivement de terre, puis l'y repose, puis l'enlève encore, s'amusant beaucoup de sa joie.

Dix-huit heures de travail par jour !

Le secret du succès de Napoléon, c'est son activité, il n'arrête jamais ! Dix-huit heures de travail ne l'effraient pas, et il ne dort que trois heures ! Il est infatigable, Il avale ses repas en une dizaine de minutes, ce qui lui provoque de violents maux d'estomac. Le plat qu'il aime par-dessus tout est une espèce de fricassée de poulet. Il mange aussi volontiers des côtelettes, de la poitrine de mouton grillée ainsi que des haricots, des lentilles et il adore le pain. Napoléon ne boit que du vin de Chambertin, mais rarement pur et guère plus d'une demi-bouteille…

Napoléon aime plaisanter avec ses vieux compagnons. Quelques jours après que le maréchal Lefebvre s'est emparé de la place de Dantzig, l'Empereur le reçoit et lui demande : « *Aimez-vous le chocolat ?*
— *Du tout, Sire, je l'abomine.*
— *Prenez toujours celui-ci monsieur le duc.* » Et Napoléon lui tend une boîte de chocolats, à l'intérieur de laquelle Lefebvre découvre 300 000 francs en grosses liasses de billets de banque ainsi que l'acte qui le nomme duc de Dantzig. L'ancien sergent de la Révolution devient ainsi le premier duc créé par Napoléon Ier, le 10 septembre 1807.

L'AGENDA DE L'EMPEREUR

6 heures : il est dans son cabinet de travail. Il s'enferme avec ses ministres, puis il prend un bain chaud pendant qu'on lui lit les journaux avant de se faire énergiquement frictionner à l'eau de Cologne. Il se rase lui-même, se nettoie ensuite les dents avec une brosse trempée dans une pâte de miel, et enfin se fait habiller par Constant.

9 heures : il accorde ses premières audiences puis déjeune. Il mange très vite en moins d'une dizaine de minutes et pas très proprement…

11 heures : Napoléon retourne travailler. Il appelle les secrétaires qui arrivent la plume à la main. Avant même qu'ils aient pu s'asseoir, l'Empereur leur dit : « Écrivez ! » Il dicte très vite, parfois jusqu'à quatre lettres en même temps, et pas question de le faire répéter !

18 heures : Napoléon sort enfin de son cabinet de travail. Il dîne alors seul avec Joséphine, sauf le dimanche où toute la « famille » les rejoints. C'est le seul repas qui dure vingt minutes.

19 heures : retour dans son cabinet de travail où l'attendent les affaires les plus sérieuses.

Minuit : il se couche. Pourtant, deux heures après son premier sommeil, il se relève, vêtu d'une simple robe de chambre, passe dans son bureau pour s'occuper des dossiers importants que la journée ne lui a pas permis de traiter.

5 heures : il se recouche pour une heure ou deux.

« Pourquoi met-il la main dans son gilet ? »
Des tas de raisons plus farfelues les unes que les autres ont été évoquées sur l'habitude que Napoléon avait de passer les doigts de sa main droite entre les boutons ouverts du gilet qu'il porte sous son habit. Certains historiens ont cru y déceler les effets de ses maux d'estomac. La vérité est plus simple : à l'école de Brienne et à l'École militaire de Paris, on lui avait appris à bien se tenir. En ce temps-là, il paraissait grossier de laisser pendre ses bras le long de son corps, sans trop savoir qu'en faire. Son autre geste préféré était de tenir ses mains dans son dos ou, variante médiane jugée encore plus élégante, d'en placer une dans son gilet et l'autre derrière le dos.

Napoléon et ses maîtresses

D'après le témoignage de Joséphine elle-même, Napoléon n'a aimé durant toute sa vie que deux femmes : elle et la comtesse Walewska qu'il rencontra en Pologne. Même s'il fut un époux aimant et prévenant avec ses deux épouses officielles – Joséphine et Marie-Louise –, cela ne l'empêche pas d'avoir eu une soixantaine de maîtresses. Toujours pressé, il n'a que peu de temps à consacrer aux choses de l'amour, il est donc un amant maladroit, proche de la goujaterie. Une anecdote à ce sujet est révélatrice. Napoléon reçoit sa maîtresse du moment, la belle et coquette actrice de théâtre, Mlle Duchesnois. La comédienne est réputée pour son tempérament de feu (les mauvaises langues disent que sa grande expérience amoureuse tente de faire oublier un nez bien trop long…). Cette très courte liaison valut à la belle d'être reçue sociétaire de la Comédie-Française. Une nuit, alors que l'Empereur travaille dans son cabinet, Constant, son valet de chambre, introduit la Duchesnois dans la chambre jouxtant son cabinet, vers 11 heures du soir…

Constant fait savoir discrètement à Napoléon que Mlle Duchesnois patiente dans la chambre voisine dans les meilleures dispositions…
« *Que dois-je lui dire*, demande le valet ?
— *Qu'elle attende* », marmonne Napoléon, absorbé par son travail.

Vers minuit, Constant rappelle que Mlle Duchesnois est toujours là…
« *Qu'elle se déshabille, et qu'elle se couche !* », ordonne alors l'Empereur.

Constant revient beaucoup plus tard, vers 1 heure du matin, et à nouveau lui dit : « *Sire… M*lle *Duchesnois commence à avoir froid.* » Napoléon semble de plus en plus absorbé par son travail.

Vers 2 heures du matin, Constant fait observer que Mlle Duchesnois commence à s'impatienter. Napoléon, ne sachant que dire, ordonne : « *Qu'elle se rhabille et qu'elle s'en aille !* »

L'image de la retraite de Russie est celle du défilé fantomatique et silencieux des débris de la Grande Armée. Telle une vision d'horreur et d'épouvante, les morts à moitié ensevelis gisent sous un blanc manteau de givre. Au premier plan, un vieux grenadier adresse un dernier salut à son empereur, qui passe sans le voir sur le pont, suivi de ses généraux. Il tient dans ses bras un jeune conscrit mourant, le spectre de la Défaite triomphe.

1812-1814 Le commencement de la fin

La Russie marque le début de la fin de l'extraordinaire ascension de Napoléon. Incapable de vaincre un adversaire qui se dérobe, il perd sa Grande Armée dans les neiges et le froid après avoir atteint Moscou. C'est bientôt la curée. Tous les peuples révoltés, tous les souverains avides de revanche se coalisent pour mettre à bas la « Grande Nation » et son maître. Malgré les brillantes campagnes de 1813 que clôt la défaite de Leipzig, et de 1814 où le stratège retrouve son génie, le poids du nombre l'accable. Paris tombée, il doit abdiquer et est exilé sur l'île d'Elbe.

Fatale Russie !

L'Armée des vingt nations

À partir de 1812, la puissance de Napoléon Ier est de plus en plus contestée. En Espagne, il doit affronter une révolte générale épaulée par les Anglais qui mobilise 300 000 de ses meilleurs soldats. Mais c'est encore de l'est que vient le plus grave danger ! Pour le tsar Alexandre, Napoléon est devenu l'homme à abattre. Malgré sa promesse de respecter le blocus continental contre l'Angleterre, le tsar vient de rouvrir les ports russes aux marchandises britanniques. Par ailleurs, Alexandre Ier n'accepte pas la création du grand-duché de Varsovie que Napoléon a reconstitué. La guerre semble inévitable. Le 8 avril 1812, le tsar lui adresse un ultimatum lui enjoignant de ramener ses troupes à l'ouest de l'Elbe. Sa réponse est fulgurante, le 22 juin, l'Empereur franchit le Niémen à la tête d'une gigantesque armée de plus de 600 000 hommes, l'Armée des vingt nations où vingt langues se côtoient ! Pas facile de donner les ordres avec des Polonais, des Italiens, des Allemands, des Suisses, des Belges, mais aussi des Croates, des Danois, des Portugais, des Espagnols et… des Français : 100 000 en tout ! Auxquels s'ajoutent les corps prussiens et autrichiens, des alliés peu fiables qui déserteront parmi les premiers. Les Russes refusent le combat. Ils pratiquent la tactique de la terre brûlée, c'est-à-dire en détruisant tout avant de se retirer, attirant Napoléon toujours plus loin à l'intérieur d'un territoire ennemi immense. Pourtant, le 7 septembre 1812, près de Moscou, les Russes se décident enfin à livrer bataille et sont défaits une fois encore à la Moskova.

Après une progression de plus de 1 000 kilomètres à l'intérieur du territoire russe, le 4 septembre 1812, le roi Murat, impatient de rejoindre l'ennemi, s'avance seul au-devant d'un régiment de cosaques. Alors que les Russes pourraient le tuer sans hésitation, on assiste à un spectacle inouï : les cavaliers se mettent à tourbillonner autour de lui, l'observent, certains s'approchent pour le saluer, et Murat de leur répondre sans la moindre peur. C'est ainsi que les cosaques honorent les plus braves…

Les Français entrent dans Moscou

Au matin du 14 septembre, la Grande Armée est en vue de Moscou aux coupoles dorées, avec ses 300 églises orthodoxes. Après Vienne, Berlin, Rome, Madrid, les grognards défilent enfin dans la capitale russe. Pour ces hommes qui viennent de traverser toute l'Europe à pied, toutes les souffrances sont oubliées. En prenant Moscou, Napoléon atteint sans doute un de ses principaux objectifs. La ville des tsars le fascine depuis longtemps, symbole à la fois pour lui de puissance et d'exotisme. Elle est l'incarnation de cet Orient auquel Napoléon rêve depuis longtemps. Pourtant la capitale est étrangement déserte. Napoléon est étonné qu'aucun négociateur russe ne vienne implorer la paix. Le soir même, les premiers incendies éclatent. Avant de fuir, le gouverneur russe, Rostopchine, a libéré les détenus des prisons et leur a ordonné de brûler la ville, il a aussi menacé des châtiments les plus sévères les habitants qui ne l'auraient pas quittée.

Suivi de son état-major, Napoléon se rend au sommet de la plus haute tour de Moscou, la tour Ivan-le-Grand. De là, le panorama est apocalyptique : la ville n'est qu'un gigantesque brasier rouge vif. Il contemple un moment ce spectacle grandiose, puis se tourne vers ses maréchaux et dit : « *Et si nous passions en Inde…* »

Moscou en flammes !

Le 16 septembre vers midi, toute la ville est en feu. Les flammes touchent le palais du Kremlin où loge l'Empereur. Plus de 100 000 livres de poudre y sont entreposées et menacent de tout faire sauter. Napoléon, comme à son habitude, veut se rendre compte par lui-même de l'ampleur du désastre. Il monte sur la plus haute tour du palais, accompagné de Bessières, Berthier, Caulaincourt. Tous sont inquiets ; ils s'attendent à une immense explosion. Tous supplient Napoléon de quitter la ville. Rien n'y fait, l'Empereur veut tout voir. Il est comme fasciné, hypnotisé par les flammes immenses et répète sans cesse : « *Les barbares ! les sauvages ! Brûler ainsi leur ville !* » Enfin un cri lui échappe : « *Ceci nous présage de grands malheurs.* »

La retraite d'une armée de « fantômes »

L'incendie de Moscou a fortement ébranlé les certitudes de Napoléon quant à sa capacité à contraindre le tsar Alexandre à négocier la paix. Cet acte signifie que les Russes sont prêts à aller jusqu'au bout dans leur résistance, à la différence des autres États qui ont traité une fois leur capitale conquise. Pour autant, l'Empereur ne se décide pas immédiatement à quitter la capitale russe. Il espère encore amener le tsar à la raison et attend pendant un mois les plénipotentiaires russes qui ne viennent pas. Enfin, le 18 octobre, il se résout à ordonner la retraite. Ce qui reste de la Grande Armée, 100 000 hommes, quitte Moscou. Trop tard, il va devoir affronter un hiver russe précoce. L'armée russe prend position au sud et le contraint à rependre la même route qu'à l'aller, c'est-à-dire à parcourir une région déjà dévastée où l'approvisionnement sera particulièrement difficile. Les premiers combats contre les Russes sont victorieux, mais Napoléon ne parvient pas à écraser ses adversaires, et la progression de l'armée devient de plus en plus malaisée, dans une région hostile. C'est maintenant l'hiver précoce qui surprend les Français. En quelques jours, le thermomètre descend à 25 degrés en dessous de zéro, accélérant la décomposition d'une armée qui n'est pas prête à affronter le « général hiver ». Sur les routes glacées, accablés par le froid en uniforme d'été, les soldats marchent pieds nus dans la neige. S'ils s'assoupissent, c'est la mort ! Les cosaques massacrent les soldats isolés. À partir du 6 novembre, un nuage immense de gros flocons de neige fond sur l'armée. On marche sans savoir où l'on est, sans savoir où l'on va. Pendant que les soldats s'efforcent d'avancer, la tourmente fouette leur visage, pénètre au travers de leurs vêtements légers et de leurs chaussures déchirées. Leurs habits mouillés gèlent sur eux, une enveloppe de glace saisit leur corps et raidit tous leurs membres. Un vent aigre et violent coupe leur respiration, il s'en empare au moment où ils l'exhalent et forme des glaçons qui pendent de leur barbe autour de leur bouche. Les malheureux se traînent encore, en grelottant, jusqu'à ce que la neige, qui s'attache sous leurs pieds en forme de pierre, une branche ou le corps de l'un de leurs compagnons les fasse trébucher et tomber. Là, ils gémissent en vain ; bientôt la neige les recouvre et devient leur blanc linceul : voilà leur sépulture ! La plaine est toute parsemée de ces gisants, tels un champ funéraire.

Lors du passage de la Berezina, la route est jonchée de cadavres, les soldats qui tombent ne se relèvent pas. 10 000 malheureux resteront bloqués, incapables de traverser le pont.

« C'est la Berezina ! »

Enfin, le 25 novembre, environ 30 000 combattants et 40 000 traînards atteignent la Berezina, fleuve infranchissable. Un gué est découvert près du village de Stoudienka. Aussitôt, le général Eblé rassemble ses compagnies de sapeurs pontonniers, environ 400 hommes, et se met au travail. Dans la nuit, en utilisant les planches des isbas alentour, ils construisent deux ponts de bois. De l'eau glacée jusqu'aux épaules, ils assemblent chevalets et pontons dans le fleuve qui charrie des glaçons. Quelques-uns tombent morts et disparaissent dans le courant, sans que le spectacle de cette fin tragique amollisse l'énergie de leurs camarades. Ultime sacrifice de ces hommes pour leurs frères d'armes et leur Empereur. Eblé mourra quelques jours plus tard d'épuisement. Enfin, après avoir repoussé les Russes, le 27 novembre, les troupes franchissent enfin la Berezina… Quinze jours après, sur les 600 000 du départ, 100 000 soldats à peine repassent le Niémen. Tous les autres sont morts, prisonniers ou déserteurs. Environ 50 000 se sont rendus à l'ennemi, épuisés. Ils seront employés chez des nobles ou des paysans, comme valets de ferme. Après la chute de l'Empire, plus d'un quart des prisonniers resteront en Russie et deviendront sujets du tsar. Ils recevront un lopin de terre en Ukraine ou en Sibérie et se mêleront à la population locale.

Durant la retraite, Napoléon fait brûler les drapeaux de la Grande Armée près de Smolensk les 12 et 13 novembre 1812 afin qu'ils ne tombent pas entre les mains des Russes.

L'Empereur de retour de Russie atteint Paris en chaise de poste dans la nuit du 18 décembre. Presque méconnaissable, il arrive au palais des Tuileries sans s'être annoncé.

Retour à Paris

Bien que la retraite de Moscou ait été pour Napoléon une sanglante catastrophe, on ne peut contester qu'elle fut accomplie, que ce soit à Krasnoï où les combats vont durer quatre jours, où à la Berezina, dans des conditions climatiques encore aggravées et sous le feu nourri des Russes, chaque fois l'armée française parvient à s'échapper, mais en essuyant d'importantes pertes. Enfin, dernier point positif, les cadres de l'armée furent sauvés, alors qu'il n'aurait pas dû en revenir un homme.

Le 5 décembre, Napoléon décide de hâter son retour à Paris. Il confie le commandement des restes de l'armée à Murat et part en simples traîneaux accompagné seulement de Caulaincourt, Duroc, de son secrétaire le baron Fain et d'une minuscule escorte. Le 16 décembre, il est en France et le 18, arrive aux Tuileries. Les destinées de l'Empire vont désormais se jouer en Allemagne.

Reflux et débâcle en Allemagne

Malgré les victoires de Lützen le 2 mai et de Bautzen le 20 mai 1813, Napoléon sent son destin lui échapper peu à peu.

Napoléon reprend la direction des opérations militaires, non sans avoir au préalable réglé les affaires politiques en France. Parti de Saint-Cloud le 15 avril, il prend le commandement de l'armée le 25 à Erfurt. Il dispose alors d'environ 80 000 hommes, répartis en quatre corps d'armée, auxquels s'ajoute la Garde, commandée par Duroc. L'essentiel des troupes est fourni par les conscrits de 1813, âgés de 18 ans, auxquels se sont joints des soldats prélevés sur les armées d'Espagne ou d'Italie. Napoléon va bousculer ses adversaires. Le 2 mai, il remporte la bataille de Lützen, aux environs de Leipzig, et s'empare de cette ville. Cette bataille s'achève sans que la décision soit faite, puisque les Russes et les Prussiens parviennent à s'échapper, mais vient rappeler que Napoléon est encore présent. L'armée française poursuit cependant sa marche en avant ; elle s'empare de Dresde le 8 mai, puis repasse l'Elbe le 10. Dix jours plus tard, les Français sont encore vainqueurs à Bautzen et Würschen, mais encore une fois, la victoire n'est pas décisive et les alliés peuvent se retirer. Au nord, le maréchal Davout reprend Hambourg puis Lübeck. La France a effacé en grande partie les revers du début de l'année. Elle accepte de signer un armistice à Pleiswitz, le 4 juin, qui doit permettre la tenue d'un congrès destiné à trouver une solution de paix. Mais cet armistice, et le congrès de Prague qui s'ensuit ne sont que des écrans de fumée destinés aux Anglais, Prussiens et Russes pour former la sixième coalition et renforcer leur alliance. L'Angleterre promet une aide financière de 2 millions de livres sterling. L'Autriche décide alors de passer dans le camp adverse. Les alliés exigent la fin de la présence française en Allemagne et en Hollande, ce que Napoléon ne peut admettre. En revanche, il se résigne à l'abandon de la Pologne déjà perdue et des Provinces illyriennes. Le congrès de Prague s'achève le 11 août sur un constat d'échec. La guerre reprend en août. L'Empereur préserve l'essentiel en remportant une autre victoire à Dresde le 27 août. Les alliés y perdent 27 000 hommes,

les Français 8 000. Mais sur les autres fronts, ses maréchaux, pris de panique, subissent plusieurs revers importants. Napoléon est désormais sur la défensive. Il ne dispose plus que de 180 000 hommes au cœur de l'action, lorsque l'offensive alliée est lancée sur l'Elbe au début du mois d'octobre. Pour tenter d'empêcher la concentration des coalisés, il porte le gros de ses forces dans la région de Leipzig, mais ne peut complètement les rassembler. Il se trouve donc en infériorité numérique au moment où commence ce combat décisif, les 15 et 16 octobre.

C'est avec une armée composée en majorité de conscrits inexpérimentés que Napoléon affronte les armées coalisées de l'Europe entière. Ces soldats sont si jeunes qu'on les surnomme les « Marie-Louise » en hommage à l'Impératrice. Avec cette armée improvisée, l'Empereur remporte les victoires de Lützen et de Bautzen. Durant ces batailles, Napoléon s'expose lui-même au feu pour animer ses soldats de sa présence et de ses paroles.

En pleine bataille de Leipzig, les Français sont pris à revers par les troupes suédoises de Bernadotte, l'ancien maréchal devenu roi, qui trahit Napoléon, celui qui lui avait tout donné.

Leipzig, la bataille des nations

La bataille de Leipzig est aussi appelée « bataille des nations », puisque plus de dix nations s'y affrontent durant trois jours, du 16 au 19 octobre 1813. Elle est l'une des plus importantes de la fin de l'Empire, non seulement pour les forces engagées (165 000 hommes côté français, 320 000 du côté des alliés), mais aussi pour sa portée symbolique La supériorité numérique des coalisés est écrasante et, malgré une brillante résistance française, l'Empereur ne peut empêcher la défaite. Elle marque la défection des troupes allemandes alliées à Napoléon et leur ralliement à la Prusse, c'est-à-dire au principe d'une défense unitaire du sol allemand. C'est à Leipzig que naît le sentiment d'appartenance à une nation allemande. Après Leipzig, l'Empire se disloque, car les alliés de la France ont compris que Napoléon a perdu la main.

À la fin de la première journée, les Français peuvent se considérer comme les vainqueurs, en revanche l'arrivée de nouveaux renforts du côté allié ne peut que menacer un fragile équilibre. Le manque de confiance est aggravé par la trahison des Saxons, qui changent de camp en plein combat, puis l'arrivée de l'armée suédoise de Bernadotte, qui n'hésite pas à combattre ses compatriotes, achève la défaite. Pour éviter qu'elle ne tourne au désastre, Napoléon décide, au soir du 18 octobre, de commander la retraite. Elle se déroule en bon ordre, tandis que les forces maintenues dans Leipzig tentent de contenir les assauts alliés. Le 19 octobre, toute l'armée française se replie et certains corps cèdent même à la panique. Les ponts sur l'Elster sont pris d'assaut dans le plus complet désordre et les sapeurs du génie les font sauter trop tôt. 12 000 Français n'ont pu encore les franchir et sont pris au piège. La plupart essaient de traverser le fleuve à la nage, mais le courant est trop fort et beaucoup se noient. C'est au cours de cet affrontement que meurt le maréchal Poniatowski, seul maréchal de France étranger et symbole de la cause polonaise. Faisant acte d'héroïsme, Poniatowski combat jusqu'au bout avec une folle témérité. Leipzig est un terrible carnage, inconnu jusqu'alors : l'armée française perd plus de 60 000 hommes, tués ou faits prisonniers, et les alliés comptent 54 000 tués ou blessés. Les Français sont battus et ne peuvent plus qu'espérer rejoindre le Rhin au plus vite. Pour les armées ennemies, la route de la France est désormais ouverte.

Après Leipzig, l'armée en retraite traverse, dès l'aube du 19 octobre 1813 par un matin nuageux secoué de rafales, le pont de l'Elster. Une brume lourde et grise monte des rives marécageuses, s'étendant sur la plaine immense, imprégnée de vapeurs de sang, mêlée à une bruine glaciale, à la fumée des faubourgs incendiés et des salves ininterrompues. Il est difficile d'y voir à une centaine de pas devant soi. Déjà, presque toute l'armée a franchi la digue, lorsque, vers 11 heures, les sapeurs français font prématurément sauter le pont.

1814 Des victoires inespérées

La campagne de France est l'une des plus belles de Napoléon. À un contre dix, il parvient à infliger neuf défaites à l'ennemi.

Le 1er janvier 1814, plus de 400 000 hommes des forces coalisées russe, prussienne, autrichienne traversent le Rhin et envahissent la France. Encerclé par les armées ennemies, trahi par les siens, Napoléon est en mauvaise posture, mais c'est sans compter sur le génie militaire du Petit Caporal. Sur le plan stratégique, la campagne de France est un chef-d'œuvre, hélas, le rapport de forces se révèle de un à dix…, il ne dispose plus que de 50 000 hommes.

Après un court répit, Napoléon repart en campagne, le 25 janvier. Son objectif est d'empêcher la concentration des armées coalisées. Il lui faut pour ce faire les vaincre l'une après l'autre. L'Empereur retrouve toute son énergie et chausse, comme il dit, « ses bottes de 1793 », quand il était jeune général. Avec une armée réduite, il manœuvre en grand stratège, attaque là où on ne l'attend pas, libère des villes occupées. En huit jours, il rapporte cinq victoires : Champaubert, Montmirail, Vauchamps, Mormant. Et, le 18 février, par une audacieuse charge de cavalerie, l'Empereur écrase les Autrichiens retranchés dans la ville de Montereau. Ce jour-là, Napoléon dirige lui-même l'un des canons de son artillerie. Lorsqu'un boulet ennemi vient rouler jusqu'à ses pieds, ses soldats sont morts de peur, il leur dit : « *Le boulet qui me tuera n'est pas encore fondu !* » Les armées ennemies sont réduites de moitié. Tout l'Est de la France reprend courage. Les alliés connaissent des déboires inattendus. Les récentes victoires françaises ont ravivé leurs vieilles querelles, et puis surtout, ils éprouvent de vives craintes face au soulèvement des populations de l'Est. Les Prussiens, en effet, ravagent la région. Viols, assassinats, vols sont légion sur leur passage. Ces actes odieux et les victoires de l'Empereur réveillent le patriotisme de tous. Les villages sont abandonnés, les habitants rejoignent les bois et attaquent les patrouilles. Du Rhin à la Marne, les paysans, « les blouses bleues », organisent une « jacquerie nationale ». C'est la guerre « au couteau » ! Ces soldats sans uniforme inquiètent les alliés, attaquent leurs patrouilles et gênent leur ravitaillement. Peu à peu, le soulèvement est général, attisé par les proclamations de l'Empereur. Les bandes de partisans grossissent, obligeant les convois ennemis à faire de grands détours pour éviter les bois. L'une d'elles, particulièrement active entre Nemours et Montargis, est menée par l'abbé Pothe. Dans la Meuse, près de Bar-le-Duc, une autre tue même un général russe. Dans les Vosges, les montagnards s'organisent du Donon au Ballon d'Alsace et livrent de véritables batailles à des régiments cosaques. Napoléon tente d'organiser la révolte mais il manque de temps. Il lui aurait fallu stopper l'ennemi et le forcer à demeurer dans la région. Le tsar avouera plus tard la terreur que lui a causée cette jacquerie. Le capitaine Coignet écrit dans ses *Mémoires* : « *Si l'Empereur avait été secondé en France comme il le fut en Champagne, les alliés étaient perdus.* » Malheureusement, cette révolte est trop tardive, la marche des armées alliées vers Paris est déjà trop avancée et rien ne peut plus l'arrêter.

Durant la bataille de Montereau, Napoléon n'hésite pas à pointer lui-même un canon. Il croit toujours en son génie militaire. « *Allez, mes amis, ne craignez rien, 50 000 hommes et moi, cela fait 150 000* », et il le prouve…

Les derniers coups de griffes

À Paris, la population reste fidèle. La foule manifeste dans les rues aux cris de « Vive l'Empereur ! » et de « Pas un étranger ne repassera le Rhin ! » À l'Opéra, on joue *La victoire est à nous* et le cortège des prisonniers ennemis émeut dans les faubourgs.

Malheureusement, l'Empereur est de plus en plus isolé, contesté, son amertume grandit face à la défection de ses proches, il est désormais tout seul pour combattre. Il lui faut à présent courir vers le nord, afin d'empêcher la concentration des Prussiens et de l'armée suédoise de Bernadotte. À nouveau en infériorité numérique, puisqu'il a face à lui 100 000 hommes, il parvient cependant à l'emporter. Après avoir passé l'Aisne, il bouscule Blücher à Craonne le 7 mars, avant de disperser son armée à Laon, les 10 et 11 mars. Le 13, Napoléon remporte sa dernière victoire à Reims. Jamais peut-être l'Empereur ne fut aussi proche de ses soldats qu'au cours de cette campagne. Il sait que sa présence les exalte, mais en même temps, il éprouve le besoin d'être au milieu d'eux comme si, désormais, ils étaient son seul soutien. On le voit partout : à Brienne, il est au milieu des « Marie-Louise », à La Rothière, il charge à la tête de la Jeune Garde comme un capitaine. Mais son infériorité numérique se fait de plus en plus sentir. Malgré la bravoure de ses troupes, il doit ployer, comme à Arcis-sur-Aube, où les 23 000 soldats français sont menacés par 100 000 Autrichiens. Les combats durent deux jours. Au soir de la première journée, les Français résistent et parviennent à s'échapper, mais le répit est de courte durée et, tandis que Napoléon est à Troyes, les alliés se rapprochent de Paris où a lieu la bataille décisive. 40 000 hommes seulement, placés sous le commandement des maréchaux Marmont et Mortier, protègent Paris. Face à eux, les alliés alignent plus de 100 000 hommes. Au matin du 30 mars, les armées étrangères sont aux portes de la capitale. Les Français résistent cependant, alors que Napoléon fait route vers Paris pour tenter de retourner la situation en sa faveur. Mais, sans attendre, le maréchal Marmont négocie avec les alliés et signe finalement la capitulation de l'armée de Paris, le 31 mars à 2 heures du matin. Les cosaques font leur entrée dans la capitale à la fin de la matinée.

Près de Reims, voyant défiler ses derniers soldats de la campagne de France, l'Empereur lance : « *Allons Bonaparte, sauve Napoléon !* »

La résistance désesperée des « Marie-Louise », ces jeunes recrues, novices dans l'art de la guerre, permet à Napoléon de remporter ses dernières victoires. Ils font face avec courage aux cosaques qui vont bientôt s'emparer de Paris et camper sur les Champs-Élysées.

Les adieux de Fontainebleau

C'est à Fontainebleau que l'Empereur apprend la capitulation de Paris. Après la trahison du maréchal Marmont, il a été lâché par le Conseil de régence mis en place avant son départ. Dès le 31 mars, Talleyrand accueille les souverains alliés dans Paris, alors que l'Impératrice et son fils ont gagné Blois. Le 2 avril, le ministre infidèle obtient même du Sénat la déchéance de Napoléon. Face à l'abandon des autorités civiles, l'Empereur ne peut plus avoir espoir qu'en la victoire militaire. Persuadé qu'un exploit armé est encore possible, il a repoussé deux mois plus tôt une dernière offre de paix des alliés. Il lui fallait accepter les frontières de 1791 et admettre que la France ne participe pas aux négociations pour la nouvelle organisation de l'Europe. Face à son refus, les alliés ont resserré leurs liens et concluent le pacte de Chaumont le 8 mars 1814 afin d'obtenir une victoire définitive sur Napoléon. Ce 4 avril à Fontainebleau, l'Empereur réfléchit encore à de nouvelles opérations militaires pour renverser la situation quand une délégation de maréchaux lui demande audience. Ses compagnons d'armes, Berthier et Ney en tête, le somment de se retirer du pouvoir. Abandonné par les chefs de la Grande Armée, Napoléon signe donc l'acte de son abdication. Il ne se résout à le faire qu'au profit de son fils. Deux jours plus tard, il devra cependant abdiquer sans conditions et accepter le retour de la monarchie des Bourbons.

Le 20 avril, Napoléon Ier quitte Fontainebleau, il se présente dans la cour du château pour saluer une dernière fois sa Garde. Le 1er régiment de grenadiers de la Vieille Garde commandé par le général Petit l'attend. Les soldats sont alignés sur deux files ; à l'extérieur, la population s'est massée derrière les grilles. L'émotion est grande, les tambours battent, puis l'Empereur, d'un geste, les fait taire. D'une voix claire et assurée, il s'adresse à ses hommes : « *Soldats de ma vieille Garde, je vous fais mes adieux. Depuis vingt ans, je vous ai constamment trouvés sur le chemin de l'honneur et de la gloire. Vous n'avez cessé d'être des modèles de fidélité et de bravoure…* ». Il s'arrête, sa voix s'étrangle puis reprend : « *Adieu, mes enfants ! Je voudrais vous presser tous sur mon cœur ! Que j'embrasse au moins votre général et votre drapeau !* »

Accompagné de ses derniers fidèles, Cambronne, Drouot, Bertrand, l'Empereur s'avance. Napoléon embrasse la France incarnée par une jeune femme et son drapeau où sont brodés les noms de Marengo, Austerlitz, Iéna, Friedland, Wagram… et adresse ses dernières paroles à sa Garde : « *Cher Aigle, que ce dernier baiser retentisse dans le cœur de tous mes soldats. Adieu encore une fois, mes vieux compagnons, adieu !* » Puis l'Empereur se dirige d'un pas rapide vers la berline. L'instant d'après, il roule vers son premier exil.

L'ancien maître de l'Occident ne peut envisager de rester sur cette minuscule île d'Elbe. C'est vers la France que très vite se tournent ses regards. Il n'a qu'un désir, retrouver le pouvoir à Paris. La situation intérieure désastreuse du pays va l'y aider.

1815 Les Cent-Jours et Waterloo

Dans une France envahie, l'Empereur contraint à l'abdication le 6 avril est exilé à l'île d'Elbe tandis que l'ancienne dynastie des Bourbons est replacée sur le trône par les étrangers. Mais le nouveau souverain, Louis XVIII, commet maladresse sur maladresse et exaspère vite l'opinion qui en vient à regretter Napoléon. Aussi la nouvelle de son évasion et de son retour en France le 1er mars 1815 suscite-t-elle un grand élan d'enthousiasme parmi les paysans et les ouvriers. L'Aigle débarque, de Golfe-Juan, vole de clocher en clocher jusqu'aux tours de Notre-Dame et reconquiert le pouvoir sans verser une goutte de sang. Hélas, quatre mois plus tard, le 18 juin 1815, l'épopée napoléonienne s'achève définitivement dans la morne plaine de Waterloo. La plus célèbre des cinquante batailles que Napoléon a livrées est celle qu'il a perdue !

Le dernier carré des grognards à Waterloo.

L'évasion de L'Aigle

Le 4 mai 1815, Napoléon arrive à Portoferraio sur l'île d'Elbe – au nord-est de la Corse. Tout encourage Napoléon à s'échapper de sa petite île de 222 kilomètres carrés et d'à peine 15 000 habitants, une véritable prison dont les alliés lui ont attribué la pleine souveraineté. D'abord, les nouvelles qu'il reçoit l'informent du mécontentement qui règne en France. Chaque nouvelle sottise commise par Louis XVIII et son frère, l'ultraroyaliste comte d'Artois, lui apporte de nouveaux partisans. Les Bourbons rétablissent le drapeau blanc, les anciennes institutions issues de l'Ancien Régime, certains droits féodaux et limitent les libertés. Ils replacent l'Université sous le contrôle du clergé, permettent le rachat des biens nationaux, organisent des processions en l'honneur des victimes de la Révolution. Le mécontentement gagne vite l'ensemble de la population française, qui regarde à nouveau Napoléon comme un sauveur. Dans les rangs de l'armée, Louis XVIII rappelle d'anciens officiers émigrés passés aux services des souverains étrangers. Parallèlement, plus de 100 000 soldats sont limogés. Du coup, la contestation grandit au sein de l'armée alimentant une vive opposition pro-napoléonienne. L'Empereur sait donc qu'il n'est pas oublié. Au même moment gronde à ses oreilles cette rumeur de l'exiler encore plus loin dans une île nommée Sainte-Hélène. Enfin, il craint pour sa vie, il sait que plusieurs projets pour l'assassiner ont été envisagés. Aussi, Napoléon mûrit un plan d'évasion. Il fait réparer un vieux brick *L'Inconstant* et le fait peindre comme un navire anglais. Ces préparatifs se font dans la plus grande discrétion et en l'absence du commissaire anglais Campbell chargé de le surveiller. L'Anglais est amoureux fou d'une charmante comtesse italienne et il part régulièrement en Italie, à Florence, la retrouver. Le 26 février, Napoléon s'embarque et donne l'ordre de mettre le cap sur Golfe-Juan. Le lendemain, deux navires chargés de surveiller l'île croisent *L'Inconstant* mais le soleil bas ne leur permet pas de distinguer les évadés. Le 28, un navire anglais ne leur prête aucune attention ; « *C'est une journée d'Austerlitz !* », s'exclame l'Empereur. À midi, le cap d'Antibes se profile à l'horizon…

C'est en prenant des risques insensés que Napoléon s'évade de l'île d'Elbe à bord du vieux brick *L'Inconstant.*

C'est avec une poignée d'hommes, 900 soldats, que Napoléon marche sur Paris. Sa petite troupe est principalement composée de grenadiers et de lanciers polonais.

Sans un coup de feu, sans une goutte de sang !

Le 1er mars 1815, l'Empereur débarque au Golfe-Juan. Il dit aux 900 soldats qui l'accompagnent : « *Vous ne tirerez pas un coup de fusil. Songez que je veux reprendre ma couronne sans verser une goutte de sang.* » Cependant rien n'est gagné, les premières troupes qu'il envoie en reconnaissance à Antibes sont purement et simplement arrêtées. L'Empereur passe outre et fonce vers les Alpes, laissant de côté les grandes villes et la vallée du Rhône. Napoléon se souvient de son calvaire en Provence l'année précédente dans cette région royaliste qui l'a conspué. Les premiers contacts avec la population sont plutôt tièdes. À Grasse, puis à Castellane, les municipalités accèdent à ses demandes de ravitaillement, mais la population ne marque aucun enthousiasme particulier. À partir du 4 mars, toutefois, les premières manifestations d'adhésion se font entendre et se montrent de plus en plus enthousiastes.

En quelques minutes, sans un coup de feu, sans une goutte de sang, Napoléon a su convaincre les soldats envoyés pour le capturer et les retourner contre le roi Louis XVIII. Les effectifs de la petite troupe elboise sont doublés. Ce ralliement lui ouvre les portes de Grenoble.

« *S'il est un soldat qui veuille tuer son empereur ?* »

À partir de Sisteron, puis dans les villages environnants, la foule se presse, de plus en plus nombreuse, pour voir l'Empereur. Certains habitants viennent offrir des violettes. Nous sommes au printemps et, déjà, une légende prétend que Napoléon a promis de revenir à l'époque des violettes. Cette petite fleur devient vite le nouveau signe de ralliement des bonapartistes et l'Empereur devient « le Père la Violette ».

Mais, le 7 mars, à La Mure, l'armée royale lui barre le chemin. C'est le seul vrai danger que Napoléon a rencontré dans cette marche aventureuse où il est à la merci d'un coup de fusil parti d'une troupe disciplinée. Devant La Mure, au défilé de Laffrey, au milieu d'un splendide paysage de l'Isère, c'est l'instant de vérité. La scène est célèbre : au-devant du 5e régiment de ligne venu l'arrêter, Napoléon s'avance seul, ouvre sa redingote et lance d'une voix forte : « *Soldats du 5e, je suis votre empereur. Reconnaissez-moi ! S'il est parmi vous un soldat qui veuille tuer son empereur, me voilà !* » Les officiers du 5e de ligne commandent le feu. Un instant l'Histoire suspend son souffle. Pas un fusil ne tire. Soudain, un cri immense s'élève : « *Vive l'Empereur !* » Ses soldats l'entourent, se jettent à ses pieds, touchent ses bottes, son épée. Napoléon les embrasse. La légende est en marche, à nouveau. En quelques mots, il a su rappeler le lien indéfectible l'unissant à l'armée, affirmant par là même son caractère légitime. L'appel à la reconnaissance de l'Empereur comporte un double sens, à la fois reconnaissance politique du souverain auquel on prête serment et reconnaissance physique de l'homme qui incarne l'État et le pouvoir.

Vingt jours pour reconquérir la France

Napoléon entre dans Grenoble le 7 mars à 11 heures du soir et est porté en triomphe jusqu'à l'hôtel des Trois Dauphins, où il passe la nuit. Épuisé, il décide de faire halte dans la capitale du Dauphiné qu'il tient solidement, à la tête maintenant de plus de 7 000 hommes. Il reçoit notables et magistrats, multiplie les dépêches pour Paris et affirme sa volonté pacifique. Plus tard, Napoléon écrira : « Jusqu'à Grenoble, j'étais aventurier ; à Grenoble, j'étais prince. »

Les Cent-Jours

Le 10 mars 1815, il est à Lyon. La capitale des Gaules a été abandonnée quelques heures plus tôt par le comte d'Artois (futur Charles X) censé assurer une défense héroïque. La ville est prise sans coup férir. Le régime de Louis XVIII a eu le tort de considérer la Révolution et l'Empire comme une simple parenthèse. Certes, la population reproche à Napoléon ses idées de grandeur et ses excès, mais elle n'oublie pas que tout ce que la Révolution française a voulu, c'est lui qui l'a finalement apporté : plus d'égalité, plus de justice, plus de fraternité, plus de liberté. C'est de Lyon qu'il prend les premières mesures marquant une rupture nette avec la Restauration. Les fameux « décrets de Lyon » rétablissent les trois couleurs de la nation, abolissent les titres féodaux, licencient les troupes de la Maison du roi, bannissent les émigrés rentrés et, le 29 mars, Napoléon abolira même la traite négrière… Une nouvelle Constitution défend les gains de la Révolution et rend au peuple ses droits.

Onze mois après son départ pour l'île d'Elbe, Napoléon réintègre, le 20 mars 1815, son palais des Tuileries. Jamais dans l'histoire on n'avait vu quelque chose de comparable au « vol de l'Aigle », et sans doute ne le reverra-t-on jamais.

L'Europe entière s'arme contre lui

Son retour déclenche l'hostilité des puissances européennes. Napoléon a beau jurer qu'il n'est pas revenu pour troubler la paix de l'Europe, rien n'y fait. Les représentants des royaumes européens, réunis en congrès à Vienne, font savoir qu'ils ne toléreront pas la présence de Napoléon à Paris. Le 13 mars, ils le déclarent « ennemi et perturbateur du repos du monde ». L'Europe entière s'arme contre lui. Les souverains européens jurent d'en finir avec « l'ogre corse » ; 700 000 coalisés menacent les frontières. Le conflit est inévitable. Tout est à réorganiser militairement. Il faut dans l'urgence reconstituer une armée. Malgré l'impopularité de la conscription, Napoléon réussit à réunir 300 000 hommes en trois semaines, un véritable exploit ! La guerre est sur le point de reprendre. C'est Napoléon qui prend l'initiative du combat en attaquant les troupes britanniques et prussiennes stationnées en Belgique. Il marche au-devant de l'armée des rois et, comme à son habitude, risque son destin sur un combat. Le sort de l'Europe va se jouer sur une bataille.

À Paris, quand Napoléon réapparaît, ses anciens soldats sont transportés de joie. Son évasion suscite un gigantesque élan d'enthousiasme. Les demi-soldes – ces officiers, mis au chômage avec la moitié de leur solde – se réjouissent, toute l'ancienne armée attendait son retour. Tous chantent, sans se cacher : « *Bientôt, le Petit Tondu reviendra…* ! »

En moins de trois semaines,
Napoléon reconstitue
une armée amalgamant
des vétérans et de jeunes
conscrits.

Waterloo, la bataille des titans

Au début du mois de juin, les Anglais commandés par Wellington sont stationnés autour de Bruxelles et les Prussiens du feld-maréchal Blücher autour de Namur. Ils sont les seuls en mesure d'agir immédiatement contre la France. Sans perdre un jour, Napoléon décide de passer à l'offensive. Pour attaquer 95 000 Anglais et 124 000 Prussiens avant qu'ils ne soient rejoints par les Autrichiens et les Russes, il ne dispose que de 120 000 hommes, soit à peu près la moitié de toute l'armée française. Le 15 juin, il traverse la Sambre à Charleroi pour venir se placer entre les deux armées ennemies. Sa tactique est des plus efficaces : contre les Prussiens, il envoie son aile droite commandée par le maréchal Grouchy, tandis que son aile gauche dirigée par le maréchal Ney se porte au-devant des Anglais. C'est un succès ! La dernière campagne de l'Empereur commence par une victoire. Le 16 juin à Ligny, entre Charleroi et Namur, l'armée prussienne est en déroute, poursuivie par Grouchy à la tête de 33 000 hommes. Le lendemain, les Anglais se retirent à leur tour vers le nord pour venir se retrancher en haut de plateau de Mont-Saint-Jean, au sud du village de Waterloo. Le 18 juin, après une journée de marche forcée et une nuit passée sous la pluie battante, les armées de Napoléon et de Wellington se font face. En raison du sol détrempé, l'attaque est

reportée jusqu'à la fin de la matinée. À midi, enfin, les hostilités sont déclenchées ! Les défenses anglaises se montrent tout de suite d'une redoutable efficacité et leurs canons font des ravages dans les rangs français. Décontenancé, Napoléon se résout à reporter son attaque sur le centre. 80 canons crachent le feu sur les positions anglaises ; la bataille fait rage. À 13 h 30, l'infanterie française s'élance à l'assaut aux cris de « *Vive l'Empereur !* », quatre divisions marchent sur le centre anglais. Près de 20 000 hommes s'avancent, 20 000 hommes déchaînés et qui ont soif d'en découdre. La distance n'est pas grande entre les deux adversaires, mais le terrain est lourd, la terre gorgée d'eau. Ici se place l'épisode qui a fait couler tant d'encre : Grouchy a-t-il bien reçu le message de l'Empereur lui ordonnant de le rejoindre ? On ne le saura sans doute jamais… Napoléon n'est pas inquiet et confie à Soult : « *Nous avions ce matin quatre-vingt-dix chances pour nous. Nous en avons encore soixante contre quarante. Et si Grouchy marche avec rapidité, la victoire en sera plus décisive.* »

La bravoure exceptionnelle des lanciers chevau-légers polonais. Lors de son entrée à Varsovie, Napoléon, ébloui par la garde d'honneur composée de jeunes nobles polonais, décide de créer un régiment de lanciers polonais et de les incorporer dans sa garde. Ces cavaliers d'une folle témérité vont se couvrir de gloire lors de tous les combats, et notamment à Waterloo. L'hymne national polonais actuel rend d'ailleurs hommage à l'attachement des Polonais pour l'Empereur. Les paroles de cet hymne, sans équivoque, sont les dernières de nos jours à glorifier Napoléon Bonaparte.
« *Marche, Dombrowski. De la terre italienne vers la Pologne.*
Sous ta direction, nous nous unirons avec la nation.
Nous traverserons la Vistule et la Warta.
Nous serons polonais, Bonaparte nous a donné l'exemple… »

Midi : le maréchal Ney déchaîne les vagues d'acier des 8 000 cavaliers sur les carrés anglais. Ney est semblable à un démon, le visage noir de poudre, le sabre rougi de sang, cinq chevaux tués sous lui…

Prodiges d'héroïsme

Vers 15 h 30, le maréchal Ney pense que les Anglais commencent à se replier et décide de lancer toute la cavalerie française contre l'infanterie : cuirassiers bardés de fer, lanciers rouges, dragons et chasseurs, 8 000 cavaliers fondent sur les Anglais qui n'en croient pas leurs yeux : un déluge de feu s'abat sur les cavaliers français. Les pertes sont énormes, mais les cuirassiers s'emparent de toutes les batteries anglaises. Ney finit par emporter la ferme de la Haie-Sainte, au centre du dispositif ennemi, et Wellington fait mine de se retirer. Les assauts de la cavalerie française buttent sur les carrés anglais qui sont toutefois à deux doigts de plier. Un aide de camp anglais du général Alten écrit : « *Le centre de la ligne était ouvert, nous étions en péril. À aucun moment, l'issue de la bataille ne fut plus douteuse.* » C'est à cet instant précis, vers 18 heures, alors que la victoire semble acquise, que, soudain, 33 000 Prussiens surgissent sur les arrières de la Grande Armée et permettent un retournement de la situation. Avec de l'infanterie supplémentaire, la bataille pourrait encore être gagnée. Ney en demande à l'Empereur : « *De l'infanterie, où veut-il que j'en prenne ? Veut-il donc que j'en fabrique ?* » hurle Napoléon. Le soir tombe, il est 19 heures, Napoléon tente sa dernière chance et commande à sa fidèle Garde de charger et de tenter une dernière fois d'enfoncer le centre anglais. Cinq bataillons de la Garde montent à l'assaut du plateau soutenus par toutes les troupes disponibles. « Et lanciers, grenadiers aux guêtres de coutil, dragons que Rome eût pris pour des légionnaires, cuirassiers, canonniers qui traînaient des tonnerres, portant le noir colback ou le casque poli, tous, ceux de Friedland et ceux de Rivoli, comprenant qu'ils allaient mourir dans cette fête, saluèrent leur Dieu, debout dans la tempête. Leur bouche, d'un seul cri, dit : "Vive l'Empereur !" Puis, à pas lents, musique en tête, sans fureur, tranquille, souriant à la mitraille anglaise, la garde impériale entra dans la fournaise », écrit Victor Hugo, immortalisant dans les *Châtiments* cet instant pathétique. L'artillerie anglaise tire à double charge de mitraille : la Garde, écharpée par l'acier ennemi, continue sa progression. Soudain, l'infanterie anglaise dissimulée dans les champs de blé, se lève d'un bond et fusille la Garde à moins de vingt pas. L'assaut est brisé… et un cri terrible retentit : « *La Garde recule !* » Un vent de panique souffle sur toute l'armée française pétrifiée qui reflue maintenant ! À 19 h 30, les colonnes prussiennes submergent les fantassins français. C'est l'offensive générale. Les Français sont pris entre deux feux. Soudain, un cri : « *Sauve qui peut, nous sommes trahis !* » – la débâcle commence.

Seuls, au milieu de cette cohue,
trois carrés de la Vieille Garde
restent en ordre parfait et font face
à toute l'armée anglaise.

« *La Garde meurt mais ne se rend pas* »

À la tombée de la nuit du 18 juin, malgré la résistance acharnée de la Garde impériale, l'armée française est battue. Le crépuscule ajoute à cette vision sa touche d'horreur. Tête nue, l'uniforme déchiré, Ney n'a plus qu'un bout d'épée à la main. Il rallie quelques unités et se jette dans la bataille en hurlant : « *Venez voir mourir un maréchal de France !* »

Tandis que Napoléon quitte le champ de bataille, deux bataillons de grenadiers de la Garde prennent position pour protéger sa retraite. L'un d'eux est commandé par l'un des plus braves généraux de l'Empereur, Pierre Cambronne. Militaire chevronné au caractère bien trempé, il a accompagné Napoléon dans son exil sur l'île d'Elbe en 1814 puis lors de son retour en 1815. Pour le récompenser de sa fidélité, l'Empereur le nomme comte et le décore du grand cordon de la Légion d'honneur. Lors de la bataille, ce fidèle parmi les fidèles n'est pas du genre à tourner le dos à l'ennemi ! Alors que la mitraille de l'artillerie anglaise les décime à bout portant, il réorganise deux bataillons de la Vieille Garde et les dispose en carré avant de se battre contre un lion. Encerclée de toutes parts, immobile, décimée, meurtrie, écrasée, la Garde résiste. Mais, déjà, autour de Cambronne, les rangs sont de plus en plus clairsemés et un colonel anglais les presse de se rendre, il crie en français : « *Grenadiers, rendez-vous !* » Le général s'avance et lance alors un « *Meeeerde !!!* » devenu mémorable… Les Français se défendent comme des diables, les décharges meurtrières redoublent ; après chaque salve, les Anglais lui demandent de se rendre. Un sous-officier ivre de colère aurait alors rétorqué : « *La Garde meurt mais ne se rend pas.* »

20 heures, préférant mourir que de se rendre, les grenadiers français se sacrifient jusqu'aux derniers. Parmi eux et tenant le drapeau, l'illustrateur Job a représenté une jeune femme incarnant la France…

Le mot lancé par Cambronne consacre le courage d'un homme qui a refusé de se rendre. Comme l'écrit Victor Hugo : « *Foudroyer d'un tel mot le tonnerre qui vous tue, c'est vaincre.* »

Ces mots ont-ils vraiment été prononcés ? On en débat encore, mais plusieurs témoins affirment avoir entendu Cambronne dire aux Anglais d'aller « se faire foutre ! » Mais si l'on songe au tragique épisode final de la bataille, à l'exaspération que devaient produire sur un Cambronne aux abois les sommations réitérées de l'ennemi, il semble évident que le mot était de circonstance.
Quelques instants plus tard, le général tombe, blessé à la tête par une balle, inconscient. Après Waterloo, alors qu'il sera prisonnier en Angleterre, il épousera son infirmière écossaise. De retour en France, il sera arrêté et traduit devant le conseil de guerre puis acquitté.

20h, un vent de panique souffle sur toute l'armée française qui reflue. Au même moment, les colonnes prussiennes submergent les fantassins. C'est l'assaut général. Le dernier carré de soldats entoure l'Empereur.

3 REGIMENT DE LIG
2e BATAILLO

Napoléon se rend aux Anglais

L'Empereur quitte les derniers carrés de la Garde et fuit vers Paris en même temps que les restes de son armée. Il est 1 heure du matin. Escorté par quelques chasseurs, il pleure d'épuisement, de dégoût et de tristesse. Un aide de camp écrit alors : « *Sur son visage morne, aux pâleurs de cire, il n'y avait plus rien de la vie que des larmes.* » À ce moment-là, sur les chemins alentour, les cavaliers prussiens sabrent sans pitié les milliers de blessés français. Sur le champ de bataille, près de 60 000 hommes gisent parmi les blés. 30 000 Français, 15 000 Anglo-Hollandais et 7 000 Prussiens ont été tués et blessés. Quatre jours plus tard, le 22 juin, Napoléon abdique en faveur de son fils. Un gouvernement provisoire est formé, présidé par Fouché, qui demande son départ immédiat. Napoléon renonce au trône en faveur de son fils, mais il est le premier à savoir que Napoléon II ne régnera pas, que tout est fini. Le 25 juin, afin d'éviter que ses ennemis le livrent aux alliés, l'Empereur quitte Paris pour gagner la Malmaison. Des milliers de Parisiens crient : « *Vive l'Empereur ! Ne nous abandonnez pas !* » Napoléon passe une dernière fois par les Champs-Élysées et aperçoit l'Arc de triomphe encore en construction. À la Malmaison, lieu de souvenirs, il est très abattu. Il repasse sa vie écoulée comme un songe et pense aux jours d'autrefois, à sa première épouse décédée : « *Il me semble toujours la voir sortir d'une allée. Pauvre Joséphine !* » Il reçoit pourtant Marie Walewska accompagnée de son autre fils, le futur comte Walewski, qui lui ressemble étrangement.

Après Waterloo, le conquérant vaincu pleure en silence à l'auberge du Lion d'Or.

Napoléon, prisonnier des Anglais, s'embarque à bord du vaisseau *Bellérophon* pour Sainte-Hélène. Il salue une dernière fois la France, sa patrie, qu'il ne reverra plus…

« *Je viens, comme Thémistocle, m'asseoir au foyer du peuple britannique* »

Le 29 juin, comme les armées alliées avancent sur Paris, il rejoint l'île d'Aix, au large de Rochefort. Il semble accepter l'idée d'une retraite aux États-Unis, de gagner l'Amérique et de rester libre. Mais Napoléon n'est pas un voleur, un criminel. L'imagine-t-on se cacher au fond d'une cale, lui, l'Empereur, après avoir rempli le théâtre du monde, se cacher pour finir ses jours comme planteur aux États-Unis ? Alors qu'il pourrait se rendre aux Anglais en grand uniforme et accompagné de toute sa suite. Une fois de plus, il pense à ce que retiendra l'Histoire. Ne vaudrait-il pas mieux se rendre à la nation anglaise ? Se livrer à son pire ennemi a quelque chose de grand, de beau, enfin un dessein digne de lui, comme une vision de légende que l'homme qu'il est véritablement ne peut pas rejeter. Dans la nuit du 13 juillet, confiant, trop confiant dans le sens de l'honneur anglais, le vaincu de Waterloo prend sa décision. Il se souvient de Plutarque et de sa *Vie des hommes illustres* et écrit sa fameuse lettre adressée au prince régent d'Angleterre : « *Je viens, comme Thémistocle, m'asseoir au foyer du peuple britannique ; je me mets sous la protection de ses lois, que je réclame de Votre Altesse comme du plus puissant, du plus constant et du plus généreux de mes ennemis.* » Le 15 juillet, à 6 heures du matin, Napoléon monte à bord du *Bellérophon.* Celui qui a fait trembler le monde est maintenant prisonnier. Le piège peut se refermer car le gouvernement anglais décide de l'enfermer sur l'île la plus lointaine et dont on ne s'évade pas : Sainte-Hélène, rocher perdu au milieu de l'Atlantique sud.

Quand Napoléon était écolier à Brienne, il avait, de sa main dans son cahier de géographie, énuméré les possessions anglaises. À la dernière ligne, il avait noté : « *Sainte-Hélène, petite isle.* » Comme si son destin était écrit d'avance…

Sainte-Hélène, le début d'un mythe

L'exil du prisonnier sur son rocher perdu. Une vie de solitude où se confondent les nuits et les jours, une vie d'homme qui se sent exclu du monde. Le climat épouvantable, la souffrance, la mélancolie, l'ennui, les vexations font que Napoléon souhaite en finir et qu'il appelle la mort de ses vœux.

Après sa défaite à Waterloo, Napoléon, confiant, trop confiant dans le sens de l'honneur anglais, se rend à ses ennemis. Il est exilé à Sainte-Hélène, une petite île perdue au milieu de l'Atlantique, à 3 500 kilomètres du Brésil et 2 500 kilomètres de la côte africaine Elle mesure à peine 17 kilomètres de long sur 17 de large. C'est là qu'il vivra prisonnier, cinq ans, six mois et dix-huit jours, parmi quelques compagnons qui ont accepté de partager son exil. L'Empereur des Français va épuiser ses dernières forces dans cet enfer de vent et de pluie, sous l'étroite surveillance du gouverneur anglais Hudson Lowe. Il va y préparer sa fin, la méditer, la modeler, la parfaire à sa guise comme un chef-d'œuvre artistique. À lui qui a rempli le théâtre du monde, la solitude, l'abandon, le désespoir permettent de couronner sa vie par la souffrance du martyre. Il meurt le 5 mai 1821 à 51 ans, après avoir passé plus de la dixième partie de son existence en captivité…

Napoléon vit du passé qu'il reconstitue et ressasse à longueur de journée. Le rappel des temps heureux, de sa gloire d'autrefois, constitue une drogue. Cette remémoration le soulage et le détruit tout à la fois. Il revoit sa vie et recompose inlassablement les événements et les nombreuses erreurs qu'il a aussi commises. « *Quel roman que ma vie !* » écrit-il.

Napoléon à Saint-Hélène

En juin 1815, la chute définitive de Napoléon marque la victoire des vieilles monarchies qui forment aussitôt une Sainte-Alliance réactionnaire. À leurs yeux, il faut avant tout empêcher « l'ogre corse » d'avoir la possibilité de tenter un second retour. La décision de l'enfermer sur une île dont on ne s'évade pas s'impose, et Sainte-Hélène, ce rocher perdu au milieu de l'Atlantique sud, est la prison idéale. Cet ancien volcan se présente comme une forteresse de basalte noir avec ses falaises qui tombent dans la mer d'une hauteur vertigineuse. Le Premier Ministre anglais, Lord Liverpool, assure : « Sainte-Hélène est l'endroit du monde le mieux choisi pour enfermer un tel personnage. À cette distance, dans ce lieu, toute intrigue sera interdite et, éloigné de l'Europe, il sera promptement oublié. » Et, effectivement, quand, le 16 octobre 1815, après soixante-douze jours, d'une longue traversée à bord du navire anglais *Northumberland*, Napoléon Bonaparte découvre derrière sa longue-vue les effroyables montagnes brunes et rouges, un rocher austère et menaçant qui émerge de l'océan comme un monstre géant montrant ses crocs, il est parcouru d'une sueur froide : « Ce n'est pas un joli séjour, dit-il. J'aurais mieux fait de rester en Égypte ; je serais à présent empereur de tout l'Orient. » Sur son rocher, il va achever son destin et créer de plus fortes images encore.

Terreur blanche sur l'Europe

Avec le retour sur leurs trônes des anciens rois, une véritable « Terreur blanche » est déclenchée par les ultraroyalistes, qui, selon la formule de Talleyrand, « *n'ont rien appris ni rien oublié* ». Dans le seul Midi de la France, on compte un millier de morts, et bientôt 9 000 condamnations politiques sont prononcées par des conseils de guerre et des tribunaux correctionnels. Condamné à mort, Michel Ney, maréchal de France, duc d'Elchingen et prince de la Moskova, est exécuté le 7 décembre 1815 à Paris, place de l'Observatoire. Quant à Joachim Murat, il est fusillé en Italie, au moment même où Napoléon est en vue de Saint-Hélène.

Le roi de Naples a pris le parti de se faire le champion de l'indépendance et de l'unité italienne, espérées par les élites libérales napolitaines mais aussi par le reste de la péninsule. À la nouvelle du retour de l'île d'Elbe de l'Empereur, Murat veut se faire proclamer roi d'Italie et exhorte les Italiens à revendiquer leur indépendance. Malheureusement, il est sévèrement battu par les Autrichiens à Tolentino le 3 mai 1815 et, le 12, il est obligé de se réfugier dans le Midi de la France. Rétabli sur le trône de Naples par le congrès de Vienne, le roi Ferdinand IV de Bourbon-Sicile le condamne aussitôt à mort. Persuadé que son message politique libéral peut encore lui apporter le ralliement d'une large part de ses anciens sujets, Murat prépare une expédition vers les côtes de Calabre. À la tête d'une petite flottille de six bâtiments, il débarque avec une poignée d'hommes, le 8 octobre, à Pizzo. Il est capturé par l'armée royale et Ferdinand lui laisse « *une demi-heure pour recevoir les secours de la religion* » avant de le faire exécuter. Le 13 octobre 1815, Murat est fusillé à Pizzo. Dans un dernier acte de bravoure, il commande lui-même le feu du peloton d'exécution. Après sa mort, Murat sera considéré en Italie comme l'un des précurseurs du *Risorgimento*, le mouvement de libération nationale italien. Aujourd'hui, une plaque à Pizzo salue « *la mémoire bénie du roi Joachim Murat, prince glorieux dans la vie, intrépide devant la mort…* »

Le 13 octobre 1815, le prince Murat est exécuté en Italie. Il meurt après s'être exclamé : « *Un roi qui ne sait conserver sa couronne n'a d'autre alternative que la mort du soldat !* »

Napoléon est surveillé par des sentinelles postées tout autour de la maison tous les 15 mètres et qui montent la garde, au pied même des fenêtres de la propriété de Longwood.

La prison de Sainte-Hélène

Sainte-Hélène est un îlot tropical de 122 kilomètres carrés qui offre, en raison de son élévation au-dessus du niveau de la mer de 300 à 850 mètres, un climat à peu près tempéré. Il n'y fait jamais moins de 10 degrés. Peuplée par 2 000 habitants bigarrés : Européens, esclaves noirs, Chinois ou Hindous, l'île sert de base de ravitaillement à la marine anglaise, on la surnomme « l'auberge de l'Océan ». Les Anglais mettent en place un système de surveillance démesuré. Tous les endroits de l'île où l'on peut aborder sont systématiquement gardés par une garnison de 3 000 sentinelles, 3 000 hommes pour un seul prisonnier… Une escadre d'une dizaine de navires patrouille en permanence autour de l'île et 500 canons sont braqués vers le large afin de dissuader d'éventuelles évasions ou coups de force. La nuit, des détachements circulent sur les chemins, le couvre-feu est établi en permanence. Il est interdit à Napoléon de circuler librement sur l'île. Pendant la journée, le prisonnier a le droit de se promener dans un périmètre de 4 kilomètres autour de la propriété de Longwood. C'est dans cette ancienne ferme inconfortable que vont s'entasser la cinquantaine de personnes qui compose la suite de l'Empereur. Napoléon et ses compagnons passent des palais royaux et des bivouacs glorieux à six pièces infestées de rats. Le gouverneur anglais Hudson Lowe est un petit bureaucrate mesquin, tatillon, incapable de s'entendre avec quiconque. Après avoir constamment tracassé, ennuyé, épié Napoléon, il censure impitoyablement son courrier. Personne n'a le droit de le voir sans lui en demander l'autorisation et il s'oppose même à ce que soit remis au prisonnier un buste de son fils. En Angleterre même, le nom d'Hudson Lowe devient vite synonyme d'arbitraire borné ; Wellington dit de lui que « *ce n'est qu'un imbécile* » et d'après Lord Rosebery, Premier Ministre anglais – et cela veut tout dire –, « *il n'est pas un gentleman…* »

Dernière joie : Betsy Balcombe

Les moments les moins pénibles de sa captivité, Napoléon les passe avec les enfants de William Balcombe, un négociant anglais de l'île. Il se lie d'amitié avec la fille aînée des Balcombe, Betsy, âgée de 14 ans. La jeune fille parle un peu le français et joue à Napoléon des tours pendables. Betsy est très étonnée : ce n'est pas « le grand ogre corse assoiffé de sang » dont on lui a maintes fois parlé, mais un homme faisant un « effet noble et imposant », vêtu d'une veste de toile blanche et portant un chapeau de paille au large bord, qui rit beaucoup, joue avec son chien Tom Pipes, fait des parties de whist. Ses petits frères montent sur ses genoux et l'appellent « Boney ». Betsy pleura beaucoup lors de leur dernière rencontre, en mars 1818, quand sa famille dut quitter l'île. Ce jour-là, Napoléon lui sécha ses pleurs avec un joli mouchoir brodé de son monogramme qu'il lui remit avec une mèche de ses cheveux.

Naissance de la légende

Napoléon n'a peut-être jamais été aussi grand qu'à Sainte-Hélène. Là, il livre sa dernière bataille, celle qui va fixer le jugement de la postérité, à travers la rédaction de ses mémoires, réunis dans son *Mémorial de Sainte-Hélène*. C'est maintenant que la légende va véritablement prendre son essor. Encore en pleine possession de ses capacités intellectuelles, il vit du passé qu'il reconstitue à longueur de journée. Aidé de sa mémoire prodigieuse, il peut dicter ses mémoires parfois pendant plus de seize heures d'affilée. Napoléon tient à rester dans l'histoire avant tout comme un administrateur et un politique. La gloire militaire du conquérant s'efface devant celle du Napoléon civil. « *On aura beau retrancher, mutiler, supprimer* [...] *J'ai refermé le gouffre de l'anarchie et débrouillé le chaos* [...] *J'ai créé un code de lois qui portera mon nom aux siècles les plus reculés. J'ai livré cinquante batailles rangées que j'ai presque toutes gagnées ! Je me suis élevé de rien à être le plus grand monarque* [...] *J'étais la voix des temps nouveaux* [...] *Sur quoi pourrait-on m'attaquer, qu'un historien ne puisse me défendre ?... mon despotisme ? Mais il démontrera que la dictature était de toute nécessité. M'accusera-t-on d'avoir trop aimé la guerre ? Il montrera que j'ai toujours été attaqué. D'avoir voulu la monarchie universelle ? Il fera voir qu'elle ne fut que l'œuvre fortuite des circonstances, que ce furent nos ennemis eux-mêmes qui m'y conduisirent pas à pas...* »

Selon la prophétie de l'écrivain Heinrich Heine, Sainte-Hélène deviendra « le Saint-Sépulcre où les peuples de l'Orient et de l'Occident viendront en pèlerinage sur des vaisseaux pavoisés et leur cœur se fortifiera par le grand souvenir du Christ temporel qui a souffert sous Hudson Lowe... »

« *Le plus puissant souffle de vie qui jamais anima l'argile humaine* »

Son souvenir survit grâce à la légende, véhiculée notamment par le *Mémorial de Sainte-Hélène*, publié en France en 1823, qui fait de Napoléon un homme des Lumières, fils de la Révolution française et promoteur de l'unité européenne. Comme le dira le Premier ministre Guizot : « *C'est beaucoup pour un seul homme d'être à la fois une gloire nationale, une garantie révolutionnaire et un principe d'autorité…* »

Cependant, la santé de l'Empereur décline peu à peu. L'irrégularité du climat, l'humidité constante, les conditions d'hygiène provoquant de graves désordres intestinaux, tout cela ne pouvait guère arranger sa santé. Mais, aussi, d'étranges symptômes apparaissent : migraines violentes, constipation, gonflement des chevilles, photophobie (au point d'exiger que les volets soient toujours fermés), gingivite, phases alternées de somnolence et d'insomnie, toux incoercible… Quand s'achève l'année 1816, la santé de l'Empereur s'est gravement détériorée. Tout aggrave son ulcère à l'estomac, qui dégénère en cancer de l'estomac. À partir de 1817, il souffre de dysenterie et de douleurs rhumatismales. Il marche de plus en plus difficilement. Sa maladie empire encore au milieu de 1820 ; l'ennui, la mélancolie le plongent dans une profonde dépression. L'enfermement, la souffrance font qu'il souhaite véritablement en finir. Il est pris de vomissements fréquents, les douleurs à l'estomac deviennent plus violentes et il ne peut presque plus marcher. Une profonde tristesse s'abat sur Longwood. La maladie fait des progrès effrayants. Douleurs dans l'abdomen, côté droit, fièvre, toux, froid glacial dans les jambes. Début mars 1821, l'Empereur s'alite et ne se relèvera plus. Le 4 mai, son médecin prescrit un vomitif à base de mercure totalement contre-indiqué et qui affaiblit plus encore le malade. Dans la nuit, l'Empereur demande : « *Comment s'appelle mon fils ?* » et prononce le nom de Joséphine. Vers 2 heures, il entrouvre les yeux, remue les lèvres et murmure : « *Armée, à la tête de… l'armée* » ; ce seront ses derniers mots. Le 5 mai, à 5 h 49, sur son lit de camp, Napoléon rend trois soupirs – « *le plus puissant souffle de vie qui jamais anima l'argile humaine* », selon les mots de Chateaubriand.

Retour des cendres aux Invalides

Dans la France pacifiée et ennuyeuse de la Restauration, la légende napoléonienne se construit autour de la défense d'un pays humilié après avoir dominé le monde, autour du drapeau tricolore ; ses héros sont les vétérans des armées impériales. L'épopée napoléonienne et les récits des demi-soldes font rêver la jeunesse romantique, Alfred de Vigny, Musset, Hugo, Lamartine, celle des jeunes gens au talent inemployé. À travers l'Europe, les soulèvements de 1830 se font aux cris de « *Vive Napoléon !* » Après avoir réveillé le nationalisme, l'ex-tyran devient le père du principe des nationalités et du libéralisme. Une idée germe alors dans l'esprit des fidèles bonapartistes. Elle est lancée par le président du Conseil Adolphe Thiers en 1840. Celui-ci négocie avec Londres le retour des cendres de Napoléon et prépare une cérémonie grandiose à Paris. La plupart des derniers compagnons de Sainte-Hélène se trouvent au côté du prince de Joinville, fils de Louis Philippe, dans son expédition à bord du navire la *Belle Poule* battant pavillon impérial. Le 30 novembre 1840, la *Belle Poule* arrive en vue de Cherbourg, on transporte ensuite le cercueil à bord du bateau fluvial le *Normandie*, qui remonte la Seine. Sur les rives, tout un peuple s'incline devant la dépouille de l'Homme ; de temps en temps, de vieux grognards se détachent de la masse, raidis dans un dernier garde-à-vous, ils sont venus saluer une dernière fois leur Empereur. Le 14 décembre, le corps du héros arrive à Courbevoie, où attend déjà une foule immense, mais le lendemain, 15 décembre 1840, à Paris, ils sont un million de Français à crier « *Vive l'Empereur !* » Un char funèbre convoie ensuite le catafalque jusqu'à son ultime demeure, aux Invalides. On ne peut que rappeler le mot prononcé par le maréchal Moncey, devenu gouverneur des Invalides, à l'adresse de son médecin. Avant la cérémonie, malade, il l'avait supplié : « *Faites-moi vivre encore un peu. Je veux recevoir l'Empereur.* » Et, au soir de l'entrée du corps dans la crypte du Dôme, son devoir accompli, il dit à son médecin : « *Et maintenant, rentrons mourir.* » Dans la cour des Invalides, après une belle cérémonie religieuse, le cercueil est transporté dans l'église. Le choix de ce lieu exprime le respect du dernier vœu formulé par Napoléon : « *Que mes cendres reposent sur les bords de la Seine, au milieu de ce peuple français que j'ai tant aimé…* » La légende a vaincu l'histoire.

Napoléon repose aux Invalides, lieu de la mémoire napoléonienne, dans six cercueils placés à l'intérieur d'un sarcophage de porphyre rouge au cœur d'une crypte décorée de bas-reliefs célébrant toute son œuvre.
La dernière illustration de Job est parfaitement saisissante.
Ces quatre derniers grognards veillant sur la sépulture de leur Empereur évoquent bien les vers de Victor Hugo : « *Dors ! Nous t'irons chercher ! Ce jour viendra peut-être ! Car nous t'avons pour dieu sans t'avoir eu pour maître…* »

IENA

Que reste-t-il de Napoléon aujourd'hui ?

Le bilan de son héritage peut être, deux cents ans après, évalué à sa juste valeur. Napoléon réussit – contrairement à l'immobilisme actuel… – en seulement seize ans à établir les fondements de la France moderne et républicaine. Malheureusement, la répulsion que le personnage suscite aujourd'hui rend difficile la reconnaissance d'une œuvre institutionnelle et administrative considérable. Car, même si géographiquement la France se retrouve plus petite qu'avant la Révolution, c'est bien en cela que consiste son principal héritage.

Avant son coup d'État de 1799 (18 Brumaire), la situation de la France est catastrophique. L'anarchie politique et institutionnelle règne, les impôts n'arrivent pas aux caisses de l'État, le brigandage s'est développé, les routes sont défoncées, les régions frontalières dévastées à cause de la guerre, le commerce est au plus mal, l'industrie ruinée, le prix du pain est trop élevé pour les ouvriers, les hôpitaux ne fonctionnent pas…

Napoléon Ier réforme et résout tour à tour tous ces problèmes. Il dote la France d'institutions nouvelles et fonde les bases d'une société où tous les hommes sont égaux devant la loi. Il met en place une administration plus simple et plus centralisée sur laquelle nous vivons toujours aujourd'hui. Les départements, arrondissements et communes se sont substitués au foisonnement des circonscriptions de l'Ancien Régime. Il rétablit la paix civile et crée le Code civil renfermant l'ensemble des lois françaises et qui fut repris dans de nombreux pays à travers le monde. Promulgué le 21 mars 1804, ce texte vise à unifier le droit civil, c'est-à-dire les rapports privés entre les personnes. Le Code civil, appelé aussi Code Napoléon, remplace tout le droit antérieur et consacre la disparition de l'aristocratie féodale en instaurant l'égalité devant la loi, l'impôt égalitaire, la liberté d'entreprise et de concurrence ainsi que de travail.

L'enseignement est profondément réformé en 1808 avec la création des lycées et, à leur tête, les proviseurs. L'Université impériale est établie avec sa hiérarchie et ses vingt-neuf académies. Elle permet d'approvisionner l'État en élites aux têtes bien faites. La Cour des comptes, créée en 1807, doit vérifier le maniement et l'emploi des deniers publics. On n'en finit pas d'énumérer les institutions que la France d'aujourd'hui doit au fantastique travail de réorganisation entrepris par Napoléon entre 1799 et 1815.

Le bilan économique est aussi positif. Il a stimulé l'industrie et consolidé la formation des capitaux financiers entre les mains d'une riche bourgeoisie, principale bénéficiaire du régime. Citons simplement la Banque de France et le Code de commerce, qui donne son essor à la société en commandite par actions. L'enquête agricole de 1812 révèle les incontestables progrès accomplis. La création du cadastre apporte aux agriculteurs un régime fiscal plus équitable. L'Empire va laisser dans les campagnes le souvenir d'un âge d'or et les paysans deviendront le premier soutien du Second Empire. Il en est de même dans les villes pour les ouvriers où le manque de main-d'œuvre encourage les hauts salaires.

L'Empereur ordonne également la construction de nombreuses routes et canaux, des ponts des Arts, d'Iéna et d'Austerlitz à Paris et l'édification de l'Arc de triomphe de l'Étoile.

Reste que cette œuvre de titan tend à disparaître derrière la légende qui entoure le personnage hors du commun. Tour à tour encensé pour son sens inné de la stratégie qui l'a rendu maître de l'Europe et sa capacité de travail pouvant atteindre dix-huit heures par jour, il est aussi conspué, comparé à un ogre qui dévore les soldats et paré de tous les vices. Héros des champs de bataille ou monstre sublime, Napoléon ne laisse pas indifférent, preuve que, selon l'opinion de Chateaubriand, « *vivant, il a marqué le monde ; mort, il le possède* »…

Napoléon crée une nouvelle société bâtie sur le mérite et l'action individuelle. Pour cela, lui qui sait si bien reconnaître l'intelligence chez un homme, a toujours réussi à s'entourer des gens les plus compétents. Dans chaque domaine, il a su choisir les meilleurs : les meilleurs soldats, les meilleurs politiques, les meilleurs savants, les meilleurs administrateurs ou les meilleurs chefs d'entreprise.

Napoléon dans nos livres d'histoire : assis sur un pot de chambre !

Personnage difficile à saisir du fait de sa grande part d'ombre et de sa non moins grande part de lumière, Napoléon est depuis quelques années de plus en plus mal connu. Et, depuis 2008-2009, il doit même se retourner dans sa tombe ! Comment supporter autant de contrevérités, d'ignorance et de mauvaise foi ?
Si l'on se fie à la démarche des concepteurs des programmes scolaires, il semble que l'on veuille faire disparaître Napoléon dans les oubliettes de l'histoire. L'exemple des nouvelles instructions officielles pour les programmes d'histoire de collège, depuis la rentrée 2011, est en cela très caractéristique. Elles entretiennent une vision biaisée en insistant uniquement sur les aspects négatifs du personnage. L'image caricaturale d'un Napoléon « assis sur un pot de chambre » en train de satisfaire un besoin naturel, dans le manuel Magnard de quatrième (p. 99) est symptomatique de la perception actuelle du personnage. Son utilisation sans aucun contrepoids visuel démontre, une fois de plus, la confusion qui règne dans les esprits des rédacteurs des programmes avec cette vision totalement déséquilibrée du personnage. Un procès à charge permanent est lancé, sans aucun respect de l'équilibre des parties. Comment voulez-vous qu'avec des cours indigents, squelettiques, réduits à quatre pages de mauvaise pédagogie, l'élève assimile des connaissances suffisantes et construise une représentation objective de Napoléon ? Il y a encore trente-cinq ans, les manuels Malet et Isaac consacraient plus de vingt pages d'un excellent niveau à son sujet. Aujourd'hui, ouvrez n'importe quel manuel de quatrième et constatez vous-même. À part quelques rares allusions à la vie de Napoléon disséminées dans deux ou trois encadrés, occupant les quatre pages accordées à l'étude du fondateur de la France moderne, plus rien.
Cette disparition est due principalement à l'augmentation du nombre d'heures de cours consacrées aux grands courants d'échanges commerciaux aux XVIIIe et XIXe siècles comprenant les traites négrières et l'esclavage. Toute étude sérieuse du Premier Empire est donc pratiquement écartée des nouveaux programmes. Toutes les grandes victoires napoléoniennes sont volontairement gommées, ainsi que toute analyse globale de l'aspect militaire, fondamental, de cette période. Plus un seul mot de Rivoli, d'Arcole, de Marengo, des Pyramides, d'Austerlitz, d'Iéna, de Friedland, de Wagram, de la Moskova… L'incroyable épopée napoléonienne, qui constitue l'apogée de l'histoire militaire de la France, est tout simplement censurée. C'est la conséquence directe de la disparition de l'histoire bataille des livres d'histoire. Dans notre société politiquement correcte, ce type de récit est systématiquement rejeté au profit d'une histoire traitant des grandes thématiques compassionnelles et sociologiques comme l'antiracisme ou l'émancipation de la femme.

Cette caricature est utilisée par le manuel Magnard de quatrième sans aucune précaution d'usage expliquant l'origine de cette caricature (royaliste…) ou d'un contrepoids visuel, c'est-à-dire, en vis-à-vis, une autre image plus positive du personnage. Elle représente Napoléon déféquant, entouré de ses vainqueurs : Blücher, Wellington, le tsar de Russie et l'empereur d'Autriche. Elle attaque de front l'image de l'Empereur, qui ne présente finalement guère de travers ou de tares susceptibles d'être déformés, la caricature le ridiculise par ce qu'il y a de plus vil. Ces nouveaux manuels scolaires démontrent, une fois de plus, le poids du politiquement correct et de la repentance. L'Empereur des Français est victime, comme Louis XIV, d'être un glorieux conquérant. Or, aujourd'hui, cet aspect guerrier et victorieux doit systématiquement être passé sous silence dans l'enseignement de notre histoire.

Les vingt-six maréchaux de Napoléon

AUGEREAU, Pierre
(Paris, 1757 – La Houssaye-en-Brie, 1816) : fils d'un domestique maréchal d'empire en 1804, duc de Castiglione en 1808.

BERNADOTTE, Jean-Baptiste
(Pau, 1763 – Stockholm, 1844) : l'Empereur le fait maréchal en 1804, prince de Pontecorvo en 1806. Il trahit Napoléon et devient roi de Suède et de Norvège en 1818 sous le nom de Charles XIV.

BERTHIER, Louis-Alexandre
(Versailles, 1753 – Bamberg, 1815) : maréchal en 1804, prince souverain de Neuchâtel et de Valangin en mars 1806, prince de Wagram en août 1809. L'indispensable chef d'État-major doué d'un sens inné de l'organisation.

BESSIÈRES, Jean-Baptiste, duc d'Istrie (Prayssac, 1768 – Weissenfels, 1813) : maréchal d'empire en 1804. D'une grande bravoure et très loyal, il est tué à la bataille de Lützen.

BRUNE,
Guillaume-Marie-Anne (Brive-la-Gaillarde, 1763 – Avignon, 1815) : maréchal d'empire en 1804. Rallié à Napoléon durant les Cent Jours, il sera massacré par les royalistes lors de son passage en Avignon.

DAVOUT, Louis-Nicolas
(Annoux, 1770 – Paris, 1823) : maréchal d'empire en 1804, duc d'Auerstedt en mars 1808, prince d'Eckmühl en août 1809. Il est le seul maréchal invaincu de Napoléon.

GOUVION-SAINT-CYR,
Laurent, marquis de (Toul, 1764 – Hyères, 1830) : il est enfin élevé à la dignité de maréchal le 27 août 1812. Sa rudesse et son manque de sociabilité l'avaient empêché d'obtenir cette dignité jusque-là.

GROUCHY, Emmanuel, marquis de (Paris, 1766 – Saint-Étienne, 1847) : fait maréchal de France le 15 avril 1815.

JOURDAN, Jean-Baptiste, comte (Limoges, 1762 – Paris, 1833) : maréchal de France en 1804.

KELLERMANN, François-Étienne
(Strasbourg, 1735 – Paris, 1820) : il devient célèbre en tenant tête aux Prussiens de Brunswick à Valmy, le 20 septembre 1792. Napoléon le fera maréchal en 1804, et duc de Valmy en 1808.

LANNES, Jean
(Lectoure, 1769 – Ebersdorf, 1809) : apprenti teinturier, il est général en 1795, maréchal d'empire en 1804. Napoléon le fait duc de Montebello le 15 juin 1808. D'un courage exceptionnel, il est un des seuls à tutoyer l'Empereur.

LEFEBVRE, François-Joseph
(Rouffach, 1755 – Paris, 1820) : maréchal d'empire en 1804, duc de Dantzig en 1808.

MACDONALD, Étienne (Sedan, 1765 – Beaulieu-sur-Loire, 1840) : maréchal d'empire le 12 juillet 1809, duc de Tarente en décembre de la même année.

MARMONT, Auguste-Frédéric-Louis Viesse de (Châtillon-sur-Seine, 1774 – Venise, Italie, 1852) : gouverneur de la Dalmatie, duc de Raguse en 1808, il est fait maréchal d'empire le 12 juillet 1809. Il trahit Napoléon en livrant Paris aux coalisés en 1814.

MASSÉNA, André
(Nice, 1758 – Paris, 1817) : excellent stratège, Napoléon l'avait surnommé « l'enfant chéri de la victoire ». Il est maréchal d'empire en 1804, duc de Rivoli en mars 1808, prince d'Essling le 31 janvier 1810.

MONCEY, Bon-Adrien Jeannot de (Besançon, 1754 – Paris, 1842) : maréchal d'empire en 1804, duc de Conegliano le 2 juillet 1808, puis gouverneur des Invalides.

MORTIER, Adolphe (Le Cateau-Cambrésis, 1768 – Paris, 1835) : duc de Trévise en juillet 1808.

MURAT, Joachim, prince (Labastide-Fortunière, aujourd'hui Labastide-Murat, 1767 – Pizzo, royaume de Naples, 1815) : fils d'aubergistes. L'Empire le couvre de titres : maréchal, grand amiral et prince. Murat devient grand-duc de Berg et de Clève en 1805, puis roi de Naples le 15 juillet 1808.

NEY, Michel, duc d'Elchingen (Sarrelouis, 1769 – Paris, 1815) : maréchal d'empire en 1804, duc d'Elchingen en juin 1808, prince de la Moskova en 1812.

OUDINOT, Nicolas (Bar-le-Duc, 1767 – Paris, 1847) : comte de l'Empire en 1808, maréchal d'empire en juillet 1809, duc de Reggio en avril 1810. Il reçut en tout trente-deux blessures…

PÉRIGNON, Catherine-Dominique, marquis de (Grenade, 1754 – Paris, 1818) : maréchal d'empire en 1804 et comte de l'Empire en 1808.

PONIATOWSKI, Joseph-Antoine, prince (Vienne, 1763 – Leipzig, 1813) : ministre de la Guerre du grand-duché de Varsovie, il est fait maréchal d'empire le 16 octobre 1813.

SÉRURIER, Jean-Mathieu-Philibert, comte (Laon, 1742 – Paris, 1819) : surnommé « la Vierge d'Italie » en raison de son intégrité, il est gouverneur des Invalides et maréchal en 1804, comte de l'Empire en 1808.

SOULT, Jean-de-Dieu (Saint-Amans-la-Bastide, 1769 – 1851) : maréchal en 1804, duc de Dalmatie en juin 1808, Soult finira sa carrière plusieurs fois ministre et président du Conseil de Louis Philippe.

SUCHET, Louis-Gabriel (Lyon, 1770 – Marseille, 1826) : comte de l'Empire en 1808. Envoyé en Espagne, il y devient le chef de l'armée dite d'Aragon. Maréchal d'empire le 8 juillet 1811. Le titre de duc d'Albufera vient récompenser ses nombreux mérites.

VICTOR, Claude-Victor Perrin, dit (Lamarche, 1764 – Paris, 1841) : maréchal d'empire le 13 juillet 1807, il devient duc de Bellune en septembre 1808.

Charles-Marie BONAPARTE
(1746-1785)
✣ Maria Letizia RAMOLINO
(1750-1836)

Joseph BONAPARTE
(1768-1844)
✣ Julie CLARY
(1771-1845)

NAPOLÉON Ier
(1769-1821)
✣ a) Marie-Josèphe-Rose TASCHER DE LA PAGERIE dite Joséphine(1763-1814)
✣ b) Marie-Louise Archiduchesse d'AUTRICHE (1791-1847)

Napoléon II
(1811-1832)

Lucien BONAPARTE
(1775-1840)
✣ a) Christine BOYER
(1771-1800)
✣ b) Alexandrine JACOB DE BLESCHAMP
(1778-1855)

Élisa BONAPARTE
(1777-1820)
✣ Félix Pascal BACCIOCHI
(1762-1841)
• • •

Napoléon Charles BONAPARTE
(1802-1807)

Louis BONAPARTE
(1778-1846)
✣ Hortense de BEAUHARNAIS
(1783-1837)

Pauline BONAPARTE
(1780-1825)
✣ a) Victor-Emmanuel LECLERC
(1772-1802)
✣ b) Camille Prince BORGHÈSE
(1775-1832)

Caroline BONAPARTE
(1782-1839)
✣ Joachim MURAT
(1767-1815)

Jérôme BONAPARTE
(1784-1860)
✣ a) Élisabeth PATTERSON
(1785-1879)
✣ b) Princesse Catherine de WURTEMBERG
(1783-1835)

Napoléon Louis BONAPARTE
(1804-1831)
✣ Charlotte BONAPARTE
(1802-1839)

NAPOLÉON III
(1808-1873)
✣ Eugénie de PALAFOX GUZMAN
(1826-1920)

Napoléon IV
dit Prince Impérial
(1856-1979)

L'Europe napoléonienne en 1812
France des 130 départements
États vassaux
États alliés
États ennemis
Principales victoires napoléoniennes
Principales défaites
Mer du Nord
Océan Atlantique
Mer Méditerranée
ROYAUME-UNI DE GRANDE-BRETAGNE ET D'IRLANDE
ROYAUME DU DANEMARK ET DE NORVÈGE
ROYAUME DE SUÈDE
EMPIRE DE RUSSIE
ROYAUME DE PRUSSE
GRAND DUCHÉ DE VARSOVIE
ROYAUME DE WESTPHALIE
CONFÉDÉRATION DU RHIN
ROYAUME DE BAVIÈRE
CONF. HELVÉTIQUE
EMPIRE FRANÇAIS
EMPIRE D'AUTRICHE
PROVINCES ILLYRIENNES
ROYAUME D'ITALIE
ROYAUME DE NAPLES
ROYAUME DE SARDAIGNE
ROYAUME DE SICILE
EMPIRE OTTOMAN
ROYAUME DU PORTUGAL
ROYAUME D'ESPAGNE
Moscou
La Moscova
La Berezina
Friedland
Eylau
Berlin
Varsovie
Kiev
Londres
Amsterdam
Bruxelles
Waterloo
Paris
Iéna
Leipzig
Austerlitz
Wagram
Vienne
Milan
Marengo
Rivoli
Arcole
Rome
Naples
Somo Sierra
Madrid
Lisbonne
Trafalgar
0 250 km